ZARİF ŞİFON YEMEK KİTABI

100 Decadent Tarifle Işık ve Havadar Lezzetler Sanatında Ustalaşın

Nisanur Utku

Telif Hakkı Malzemesi ©2024

Her hakkı saklıdır

Bu kitabın hiçbir bölümü, incelemede kullanılan kısa alıntılar dışında, yayıncının ve telif hakkı sahibinin uygun yazılı izni olmadan, hiçbir şekilde veya yöntemle kullanılamaz veya aktarılamaz . Bu kitap tıbbi, hukuki veya diğer profesyonel tavsiyelerin yerine geçmemelidir .

İÇİNDEKİLER

İÇİNDEKİLER 3
GİRİİŞ 6
ŞİFON KUPAKLAR 7
   1. EJDER MEYVELI ŞIFON CUPCAKELER 8
   2. HOKKAİDO ŞİFON KAPKEKLER 10
   3. MERMER ŞİFON CUPCAKE 13
   4. LİMONLU ŞİFON CUPCAKES 16
   5. ÇİKOLATALI ŞİFON CUPCAKELER 19
   6. ÇİLEKLİ KURABİYE ŞİFON CUPCAKES 21
   7. PORTAKAL ÇİÇEĞİ ŞİFON CUPCAKES 24
   8. MATCHA YEŞİL ÇAY ŞİFON CUPCAKES 26
   9. HİNDİSTAN CEVİZLİ ŞİFON KEKLER 28
   10. VANİLYALI FASULYE ŞİFON CUPCAKES 30
   11. LAVANTA BALLI ŞİFON CUPCAKES 32
   12. FISTIKLI GÜLSUYU ŞİFON CUPCAKES 34
   13. EARL GREY ÇAY ŞİFON CUPCAKES 36
ŞİFON TURTALAR 38
   14. AHUDUDU ŞİFON PASTA 39
   15. ELMALI TARÇINLI ŞİFON PASTA 41
   16. SIYAH KIRAZLI ŞİFON PASTA 43
   17. KARAMELLI ŞİFON PASTA 45
   18. ŞİFON REÇELI PISLIK TURTA 47
   19. BAL KABAKLI KABARIK PASTA 49
   20. EGGNOG ŞİFON PASTA 51
   21. MEYVE KOKTEYLI ŞİFON PASTA 54
   22. GUAVA ŞİFON PASTASI 56
   23. LİMONLU ŞİFON PASTA 59
   24. MACADAMIA ŞİFON PASTA 62
   25. PORTAKAL ÇİÇEĞİ ŞİFON PASTA 65
   26. ŞEFTALI ŞİFON PASTA 67
   27. FISTIK EZMELI ŞİFON PASTA 69
ŞİFON PEYNİRLER 71
   28. PİŞİRMESİZ ANANASLI ŞİFON CHEESECAKE 72
   29. PIŞIRMESIZ KAYISILI ŞIFON CHEESECAKE 74
   30. LİMONLU ŞIFON VIŞNELI CHEESECAKE 76
   31. YABAN MERSİNLİ ŞIFON CHEESECAKE 78
   32. ANANASLI ŞİFON CHEESECAKE 80
   33. PORTAKALLI ŞİFON CHEESECAKE 83
   34. TUTKU MEYVELI ŞIFON CHEESECAKE 85
   35. MANGO ŞİFON CHEESECAKE 88
   36. AHUDUDU ŞİFON CHEESECAKE 90

37. Böğürtlenli Şifon Cheesecake 92
38. Matcha Şifon Cheesecake 94
39. Zencefil Armut Şifon Cheesecake 97
40. Karamelize Muzlu Şifon Cheesecake 100

ŞİFON KEKLER 103
41. Yuzu Şifon Kek 104
42. Çikolatalı Şifon Kek 107
43. Dalgona Şifon Kek 110
44. Muzlu Şifon Kek 113
45. Şifon Ballı Kek 116
46. Ballı ve Raventli Tahinli Şifon Kek 118
47. Çikolata Parçalı Şifon Kek 122
48. Limonlu-Haşhaşlı Şifon Kek 125
49. Earl Grey Şifon Kek 128
50. Lavanta Şifon Kek 130
51. Hindistan Cevizli Şifon Kek 134
52. Fıstıklı Şifon Kek 136

ŞİFON DONDURULMUŞ İKLİMLER 138
53. Kiraz Şifon Tüyü 139
54. Şifon Buz Kutusu Pastası 141
55. Limonlu Şifon Dondurma 143
56. Kireç Rengi Şifon Semifreddo 145
57. Limonlu Şifon Şerbeti 147
58. Ahududu Şifon Dondurulmuş Yoğurt 149
59. Mango Şifon Dondurmalar 151
60. Çilekli Şifon Buzluklu Pasta 153
61. Yaban Mersinli Şifon Dondurulmuş Muhallebi 155
62. Hindistan Cevizli Şifon Dondurmalı Sandviçler 157
63. Şeftali Şifon Dondurmalar 159

TARTLAR 161
64. Limonlu Şifon Tart 162
65. Muzlu Şifon Tart 165
66. Balkabaklı Şifon Tart 167
67. Tutku Meyveli Şifon Tart 170
68. Şifon Tatlı Patatesli Tart 173
69. Kayısılı Şifon Tart 176
70. Ahududu Şifon Tart 179
71. Hindistan Cevizli Şifon Tart 181
72. Karışık Meyveli Şifon Tart 183

KATMANLI TATLILAR 185
73. Çikolatalı Şifon Saksılar 186
74. Limonlu Şifon Puding 188
75. Mango ve Misket Limonu Şifon Trifle 190

76. ÇİLEKLİ ŞİFON CHEESECAKE PARFE 192
77. ŞİFON TİRAMİSU 195
78. AHUDUDU VE BEYAZ ÇİKOLATALI ŞİFON MUS 198
79. YABAN MERSİNLİ VE LİMONLU ŞİFON PARFE 201
80. HİNDİSTAN CEVİZİ VE ANANASLI ŞİFON TRİFLE 204
81. KARA ORMAN ŞİFON KEK TRİFLE 207
82. HİNDİSTAN CEVİZLİ VE MANGOLU ŞİFON PARFE 210
83. ŞEFTALİ MELBA ŞİFON KEK TRİFLE 212
84. FISTIKLI VE KİRAZLI ŞİFON PARFE 215

ŞİFON BARLAR VE KARELER 217
85. LİMON ŞİFON BARLAR 218
86. ÇİKOLATALI ŞİFON BROWNIE 220
87. HİNDİSTAN CEVİZİ ŞİFON KARELER 223
88. TURUNCU ŞİFON BARLAR 225
89. ÇİLEK ŞİFON KARELER 227
90. KEY LİME ŞİFON BARLAR 229
91. ANANAS ŞİFON KARELER 231
92. KARIŞIK BERRY ŞİFON BARLAR 233

ŞİFON EKMEK 235
93. ŞİFON MUZLU EKMEK 236
94. ŞİFON LİMONLU EKMEK 238
95. ŞİFON BALKABAKLI EKMEK 240
96. ŞİFON ÇİKOLATALI GİRDAP EKMEK 242

ŞİFON KURABİYELER 244
97. ŞİFON LİMONLU KURABİYE 245
98. ŞİFON ÇİKOLATALI KURABİYE 247
99. ŞİFON BADEMLİ KURABİYE 249
100. ŞİFON HİNDİSTAN CEVİZLİ KURABİYE 251

ÇÖZÜM 253

GİRİIŞ

Sizi, 100 enfes şifon tarifiyle hafif, havadar ve şatafatlı lezzetler yaratma sanatında ustalaşacağınız bir yolculuğa davet ettiğimiz "Zarif Şifon Yemek Kitabı"na hoş geldiniz. Şifon, narin dokusu ve ruhani kalitesiyle duyuları cezbeden, damak tadına hitap eden bir mutfak harikasıdır. Bu yemek kitabında şifonun zarafetini ve çok yönlülüğünü kutluyor, basit malzemeleri en seçici zevkleri bile etkileyecek olağanüstü yaratımlara dönüştürme yeteneğini sergiliyoruz.

Bu yemek kitabında şifonun narin ve lüks doğasını vurgulayan bir tarif hazinesi keşfedeceksiniz. Klasik keklerden yumuşak muslara, zarif turtalardan ipeksi pudinglere kadar her tarif, şifonun benzersiz dokusunu ve lezzet profilini sergilemek için hazırlanmış olup, daha fazlasını arzulamanızı sağlayacak bir tat ve doku senfonisi yaratmaktadır.

"Zarif Şifon Yemek Kitabı"nı diğerlerinden ayıran şey, hassasiyet ve tekniğe verdiği önemdir. Şifon pişirme, hassas bir malzeme dengesi ve dikkatli bir el gerektirir ve bu yemek kitabı, her seferinde mükemmel sonuçlar elde etmeniz için ihtiyacınız olan araçları ve rehberliği sağlar. Adım adım talimatlar, faydalı ipuçları ve çarpıcı fotoğraflarla, lezzetli olduğu kadar güzel de gösterişli şifon kreasyonları yaratabileceksiniz.

Bu yemek kitabı boyunca, şifon kreasyonlarınızı bir sonraki seviyeye yükseltmenize yardımcı olacak malzeme seçimi, pişirme ekipmanı ve sunum teknikleri hakkında pratik tavsiyeler bulacaksınız. İster özel bir gün için yemek yapıyor olun, ister tatlı bir ikramın keyfini çıkarın, ister sadece mutfak repertuarınızı genişletmek istiyor olun, "Zarif Şifon Yemek Kitabı"nda herkesin keyif alacağı bir şeyler var.

ŞİFON KUPAKLAR

1.Ejder Meyveli Şifon Cupcakeler

İÇİNDEKİLER:

- 3 Yumurta sarısı
- 25g Pudra şekeri
- 70g Ejder meyvesi püresi
- 40g Mısır yağı
- ¼ çay kaşığı Vanilya özü
- 55g Kendiliğinden kabaran un
- 2 yemek kaşığı Mısır unu
- 3 Yumurta beyazı
- ⅛ çay kaşığı tartar kreması
- 60g Pudra şekeri

TALİMATLAR:

a) Yumurta sarılarını ve şekeri hafif ve kabarık olana kadar çırpın. Ejder meyvesi püresini, mısır yağını ve vanilya özünü ekleyip çırpın. Kendiliğinden kabaran un ve mısır ununu hafif karıştırın.

b) Ayrı bir temiz kapta yumurta aklarını, tartar kremasını ve pudra şekerini kabarıp sertleşene kadar çırpın. Yumurta sarısı karışımını iyice birleşene kadar çırpılmış yumurta beyazına dikkatlice katlayın.

c) Hamuru kek kalıplarına kaşıkla dökün. Hava kabarcıklarını serbest bırakmak için kek kalıplarına hafifçe vurun.

ç) Önceden ısıtılmış 170 derecelik fırında 10 dakika pişirin, ardından ısıyı 160 dereceye düşürüp 20-25 dakika daha veya kekin içine batırdığınız kürdan temiz çıkana kadar pişirin.

d) Fırından çıkarıp hemen keki ters çevirin.

e) Tamamen soğuyuncaya kadar rahatsız edilmeden bırakın.

2.Hokkaido Şifon Kapkekler

İÇİNDEKİLER:
KUPAKLAR İÇİN:
- 3 büyük yumurta akı, sarısından ayrılmış, oda sıcaklığında
- 45 gr toz şeker (20 gram ve 25 grama bölünmüş)
- 35 ml kanola yağı
- 60 mi süt
- 70 gr kek unu, elenmiş

KREMA İÇİN:
- 240 ml ağır krema, soğutulmuş
- 25 gr toz şeker
- ¼ çay kaşığı vanilya özü

MONTAJ İÇİN:
- Toz almak için şekerleme şekeri

TALİMATLAR:
KUPAKLAR İÇİN:

a) Fırını önceden 325F'ye ısıtın. Kremayı çırpmak için kullanacağınız kaseyi ve çırpıcıyı alıp buzdolabında soğutun.

b) El tipi bir elektrikli karıştırıcı veya çırpma aparatı takılı bir stand mikseri kullanarak, 3 yumurta sarısını ve 20 gram şekeri rengi önemli ölçüde açıklaşana kadar (orta yüksek hızda yaklaşık 8 dakika) çırpın.

c) 35 ml kanola yağı ve 60 ml sütü ekleyip iyice karışana kadar çırpmaya devam edin.

ç) Düşük hıza geçin ve 70 gram kek ununu ekleyin. Birleşene kadar çırpın. Bir kenara koyun.

d) Ayrı bir kapta 3 yumurta akını farklı bir çırpma teli kullanarak köpürene kadar çırpın. Sert zirvelere ulaşıncaya kadar yavaş yavaş 25 gram şeker ekleyin.

e) Yumurta aklarınızı yumurta sarılarınıza birleşene kadar katlayın. Yumurta aklarınızın sönmemesi için aşırıya kaçmamaya dikkat edin.

f) Hamurunuzu cupcake kalıplarının ¾'üne kadar doldurun ve fırın tepsisine dizin. 20 dakika veya üst kısımlar çatlayıp matlaşmaya başlayana kadar pişirin. Bazı keklerin içine batırılan kürdan temiz çıkmalı veya çok az kuru kırıntı içermelidir. Tamamen soğuması için tel raf üzerine yerleştirin.

KREMA İÇİN:
g) Soğutulmuş kasenizi buzdolabından çıkarın ve tüm malzemeleri sert zirvelere ulaşana kadar çırpın.

MONTAJ İÇİN:
ğ) Cupcakelerinizi krem şanti ile doldurmadan önce tamamen soğuduğundan emin olun.
h) Kremanızı tercih ettiğiniz uç takılı sıkma torbasına aktarın. Ucu kekin ortasına sokun ve hafifçe bastırarak kekleri doldurun (keklerin kabardığını hissedeceksiniz).
ı) Üstteki dolum gösterisini görmeye başladığınız anda durun. Şekerleme şekeri ile tozlayın.

3.Mermer Şifon Cupcake

İÇİNDEKİLER:

- 3 yumurta sarısı
- Yumurta sarısı için 25 gr (2 yemek kaşığı) toz şeker
- 30 ml (2 yemek kaşığı) bitkisel yağ
- 45 ml (3 yemek kaşığı) süt
- 56 gr (½ su bardağı) kek unu/düşük proteinli un, elenmiş
- 6 gr (1 yemek kaşığı) şekersiz kakao tozu, elenmiş
- 3 yumurta akı
- Yumurta akları için 25 gr (2 yemek kaşığı) toz şeker
- ⅛ çay kaşığı tartar kreması VEYA ½ çay kaşığı limon suyu (isteğe bağlı)

TALİMATLAR:

a) Orta boy bir kapta yumurta sarılarını ve şekeri krema kıvamına gelene ve rengi açılana kadar çırpın.
b) Süt, sıvı yağ ve unu ekleyin. İyice karıştırın.
c) Hamurun yarısını başka bir orta boy kaba ayırın. Bunlardan birine kakao tozu ekleyin ve birleşene kadar karıştırın.
ç) Yumurta aklarını temiz, orta boy bir kapta köpürene kadar çırpın. Kullanıyorsanız (isteğe bağlı) krem tartar veya limon suyu ekleyin. Bu asidik bileşenlerden herhangi biri, çırpılmış yumurta beyazının dengelenmesine yardımcı olacaktır.
d) Mikser açıkken, karıştırırken yavaş yavaş şekeri ekleyin. Sert zirveye kadar çırpın.
e) Çırpılmış yumurta beyazının/bezenin ¼'ünü çikolatasız hamura ekleyin. Çırpma teli veya silikon spatula ile iyice karıştırın.
f) Bezenin ¼'ünü daha ekleyin ve şimdi hamuru söndürmeden yavaşça karıştırmak istiyoruz. Aşırı karıştırma veya kuvvetli karıştırma, kabarık olmayan yoğun bir kekle sonuçlanabilir. Bu nedenle, yumurta beyazının çoğu görünmeyene kadar hamuru dikkatlice katlayın.
g) Bezenin ¼'ünü çikolatalı hamura ekleyin. İyice karıştırın. Daha sonra bezenin geri kalanını ekleyin ve birleşene kadar dikkatlice tekrar karıştırın.
ğ) Cupcake tepsisini kağıt bardaklarla hizalayın. Daha sonra her bir bardağa, üstten yaklaşık 1 cm boşluk kalacak şekilde neredeyse

dolana kadar dönüşümlü olarak çikolata ve çikolatasız hamur ekleyin.
h) Üst kısmını dilediğiniz mermer desenle süsleyin. Üstüne farklı renklerde üç nokta ekleyin. Daha sonra her noktayı tek bir sürekli yuvarlak vuruşla sürüklemek için bir kürdan kullanın.
ı) Önceden ısıtılmış fırında 340°F veya 170°C'de 20 dakika veya ortasına batırdığınız kürdan temiz çıkana kadar pişirin.

4.Limonlu Şifon Cupcakes

İÇİNDEKİLER:
KAPKEK:
- 1 limon, bölünmüş
- ¾ su bardağı (175 mL) kek unu (çok amaçlı un kullanmayın)
- ½ bardak (125 mL) şeker, bölünmüş
- ¾ çay kaşığı (4 mL) kabartma tozu
- ¼ çay kaşığı (1 mL) tuz
- 2 büyük yumurta sarısı
- ¼ bardak (50 mL) su
- 2 ½ yemek kaşığı (37 mL) kanola yağı
- 1 yemek kaşığı (15 mL) limon özü
- 4 büyük yumurta akı, oda sıcaklığında
- ½ bardak (125 mL) hazırlanmış limon püresi

BEZE BUZLANDIRMA:
- 3 büyük yumurta akı
- ¼ çay kaşığı (1 mL) tartar kreması
- ½ su bardağı (125 ml) şeker
- 1 çay kaşığı (5 mL) limon özü

TALİMATLAR:
a) Fırını önceden 325°F'ye (160°C) ısıtın. Kağıt astarlarını Muffin Pan'ın kuyucuklarına yerleştirin.

b) 1 ½ yemek kaşığı (22 mL) ölçüsüne kadar limonun kabuğunu rendeleyin ; Süslemek için ½ yemek kaşığı (7 mL) kabuğu rendesini bir kenara ayırın.

c) Paslanmaz (2 qt./ 2 L) Karıştırma Kabında, unu, ¼ bardak (50 mL) şekeri, kabartma tozunu, tuzu ve kalan 1 çorba kaşığı (15 mL) kabuğu rendesini birleştirin; Paslanmaz Çırpma teli kullanarak iyice çırpın.

ç) Paslanmaz (6-qt./ 6-L) Karıştırma Kabında yumurta sarısını, suyu, yağı ve ekstraktı birleştirin ; iyice karışana kadar elektrikli el mikserinin orta hızında çırpın. Kuru malzemeleri ekleyin; pürüzsüz olana kadar orta hızda çırpın.

d) Paslanmaz (4-qt./ 4 -L) Karıştırma Kabında ve temiz çırpıcılar kullanarak, yumurta aklarını yüksek hızda yumuşak zirveler oluşana kadar yaklaşık 1 dakika çırpın. Sürekli çırparken, kalan ¼ bardak (50 mL) şekeri çok yavaş ve sabit bir akışla yavaş yavaş ekleyin. 3-4 dakika veya şeker eriyene ve sert tepe noktaları oluşana kadar çırpmaya devam edin. Small Mix 'N Scraper® kullanarak bezenin dörtte birini hamura karıştırın ; kalan bezeyi yavaşça katlayın.

e) Büyük bir Kepçe kullanarak hamuru gömlekler arasında eşit olarak bölün; 12-15 dakika veya ortalarına yerleştirilen tahta kürdan temiz çıkana kadar pişirin. Tavayı fırından İstiflenebilir Soğutma Rafına çıkarın. Kekleri tavadan çıkarın; tamamen soğutun.

f) Kap kekleri birleştirmek için, kapalı yıldız uçlu bir Dekoratöre limonlu loru kaşıkla koyun.

g) Dekoratörü yavaşça her kekin ortasına bastırın ve az miktarda lor (yaklaşık 2 çay kaşığı/10 mL) sıkın. Dondurulmuş kekler; ayrılmış limon kabuğu rendesi serpin.

BEZE BUZLANDIRMA:

ğ) Temiz bir karıştırma kabında yumurta aklarını köpürene kadar çırpın.

h) Tartar kremasını (veya kullanıyorsanız limon suyunu) ekleyin ve çırpmaya devam edin.

ı) Sert zirveler oluşana kadar çırparken yavaş yavaş şeker ekleyin.

i) Limon ekstraktını karıştırın.

5.Çikolatalı Şifon Cupcakeler

İÇİNDEKİLER:

- 1 1/2 su bardağı kek unu
- 1/2 su bardağı şekersiz kakao, artı 1 yemek kaşığı şekersiz kakao
- 1 çay kaşığı kabartma tozu
- 1/4 çay kaşığı karbonat
- 1/2 çay kaşığı tuz
- 4 büyük yumurta, ayrılmış
- 3/4 su bardağı bitkisel yağ
- 3/4 su bardağı şeker, artı 2 yemek kaşığı şeker

TALİMATLAR:

a) Kek ununu, kakaoyu, kabartma tozunu, kabartma tozunu ve tuzu geniş bir kaseye eleyin ve bir kenara koyun.

b) Yumurta sarısını, yağı ve ⅓ bardak suyu karışıncaya kadar çırpın. ¾ su bardağı şekeri çırpın. Un karışımına ekleyin ve iyice karışana kadar karıştırın.

c) Yumurta aklarını köpürene kadar çırpın. Kalan 2 yemek kaşığı şekeri yavaş yavaş ekleyin ve yumuşak tepeler oluşuncaya kadar çırpın. Yumurta akı karışımını hamura ekleyin ve eşit şekilde karışana kadar karıştırın.

ç) Kağıt kaplı veya tereyağlı muffin kaplarını (⅓ fincan kapasiteli) yaklaşık dörtte üçünü hamurla doldurun (her biri yaklaşık ¼ fincan).

d) Ortasına hafifçe dokunulduğunda üst kısımlar eski haline dönene kadar, 20 ila 25 dakika boyunca 325°F fırında pişirin. Raflarda 5 dakika soğutun; tavalardan çıkarın. Tamamen soğutun.

e) En sevdiğiniz kremayla süsleyin.

6.Çilekli Kurabiye Şifon Cupcakes

İÇİNDEKİLER:
KAPKEK:
- ⅞ su bardağı kek unu
- 6 yemek kaşığı toz şeker
- 1 çay kaşığı kabartma tozu
- ⅛ çay kaşığı tuz
- 4 büyük yumurta sarısı
- ¼ bardak bitkisel yağ
- ⅓ bardak su
- ½ çay kaşığı vanilya özü
- 3 büyük yumurta akı, oda sıcaklığında
- 3/16 çay kaşığı tartar kreması
- ¼ su bardağı toz şeker

DOLGU:
- 2½ su bardağı doğranmış çilek
- 2½ yemek kaşığı toz şeker
- 1¼ yemek kaşığı mısır nişastası
- 1¼ yemek kaşığı su

SÜSLEME:
- 2 su bardağı ağır krema, soğuk
- 1 çay kaşığı vanilya özü
- 2 yemek kaşığı pudra şekeri

TALİMATLAR:
KAPKEK:

a) Fırını 350°F'ye ısıtın. Cupcake kalıplarını kağıt astarlarla kaplayın veya pişirme spreyi püskürtün. Bir kenara koyun.

b) Unu, 6 yemek kaşığı şekeri, kabartma tozunu ve tuzu geniş bir kaseye eleyin. Bir kenara koyun.

c) Küçük bir kapta yumurta sarısını, yağı, suyu ve vanilyayı birlikte çırpın. Bir kenara koyun.

ç) Çırpma aparatı ile donatılmış bir elektrikli karıştırıcıyla, yumurta aklarını ve tartar kremasını köpürene kadar çırpın. Çırpmaya devam ederken ¼ bardak şekeri akıtın. Sert zirvelere kadar çırpın. Bir kenara koyun.

d) Islak malzemeleri kuru malzemelerin üzerine dökün ve pürüzsüz hale gelinceye kadar çırpın.
e) Beze katlayın.
f) Hamuru hazırlanan kalıplara paylaştırmak için 3 yemek kaşığı kurabiye kepçesi kullanın.
g) Açık altın rengi kahverengi olana kadar 18-20 dakika pişirin. Soğuması için bir kenara koyun.

DOLGU:
ğ) Tüm malzemeleri orta boy bir tencerede birleştirin.
h) eriyene ve karışım koyulaşana kadar, yaklaşık 2-3 dakika, orta-düşük ateşte pişirin ve karıştırın.
ı) Soğuması için bir kenara koyun.

ŞANTİLLİ KREM:
i) Tüm malzemeleri orta boy bir kapta birleştirin.
j) Orta sertlikte zirvelere kadar çırpma aparatı ile donatılmış bir elektrikli karıştırıcı ile çırpın.

TOPLANTI:
k) Çekirdek kekler.
l) Her keki 1 yemek kaşığı dolguyla doldurun.
m) Keklerin üst kısımlarını değiştirin.
n) Üzerine Chantilly kremasını sıkın veya yayın.

7.Portakal Çiçeği Şifon Cupcakes

İÇİNDEKİLER:
- 4 büyük yumurta, ayrılmış
- 1/2 su bardağı toz şeker
- 1/4 su bardağı bitkisel yağ
- 1/4 su bardağı taze sıkılmış portakal suyu
- 1 yemek kaşığı portakal kabuğu rendesi
- 1 çay kaşığı portakal çiçeği suyu
- 1 su bardağı kek unu
- 1 çay kaşığı kabartma tozu
- 1/4 çay kaşığı tuz

TALİMATLAR:
a) Fırınınızı 325°F'ye (160°C) önceden ısıtın. Muffin kalıbını kek kalıplarıyla kaplayın.

b) Büyük bir karıştırma kabında yumurta sarılarını şekerin yarısıyla beyazlaşıp koyulaşana kadar çırpın. Bitkisel yağı, portakal suyunu, portakal kabuğu rendesini ve portakal çiçeği suyunu yavaş yavaş ekleyerek iyice birleşene kadar karıştırın.

c) Ayrı bir kapta kek ununu, kabartma tozunu ve tuzu birlikte eleyin.

ç) Kuru malzemeleri yavaş yavaş ıslak malzemelere ekleyin, pürüzsüz ve iyice birleşene kadar karıştırın.

d) Başka bir temiz karıştırma kabında yumurta aklarını köpürene kadar çırpın. Kalan şekeri yavaş yavaş ekleyin ve sert tepeler oluşuncaya kadar çırpmaya devam edin.

e) Çırpılmış yumurta aklarını, hiç iz kalmayıncaya kadar yavaşça hamurun içine katlayın.

f) Hamuru kek kalıplarına eşit şekilde paylaştırın ve her birinin yaklaşık üçte ikisini doldurun.

g) 15-18 dakika veya kekin ortasına batırdığınız kürdan temiz çıkana kadar pişirin.

ğ) Fırından çıkarın ve kekleri birkaç dakika tavada soğumaya bırakın, ardından tamamen soğuması için tel rafa aktarın.

h) Soğuduktan sonra isteğe bağlı olarak keklerin üzerine pudra şekeri serpebilir veya süslemek için üzerine çırpılmış krema ve taze portakal dilimleri koyabilirsiniz.

8.Matcha Yeşil Çay Şifon Cupcakes

İÇİNDEKİLER:

- 4 büyük yumurta, ayrılmış
- 1/2 su bardağı toz şeker
- 1/4 su bardağı bitkisel yağ
- 1/4 su bardağı süt
- 1 çay kaşığı vanilya özü
- 2 yemek kaşığı matcha yeşil çay tozu
- 1 su bardağı kek unu
- 1 çay kaşığı kabartma tozu
- 1/4 çay kaşığı tuz

TALİMATLAR:

a) Fırınınızı 325°F'ye (160°C) önceden ısıtın. Muffin kalıbını kek kalıplarıyla kaplayın.

b) Büyük bir karıştırma kabında yumurta sarılarını şekerin yarısıyla beyazlaşıp koyulaşana kadar çırpın. Yavaş yavaş bitkisel yağ, süt ve vanilya özütünü ekleyerek iyice birleşene kadar karıştırın.

c) Matcha yeşil çay tozunu ıslak malzemelere eleyin ve eşit şekilde karışana kadar karıştırın.

ç) Ayrı bir kapta kek ununu, kabartma tozunu ve tuzu birlikte eleyin.

d) Kuru malzemeleri yavaş yavaş ıslak malzemelere ekleyin, pürüzsüz ve iyice birleşene kadar karıştırın.

e) Başka bir temiz karıştırma kabında yumurta aklarını köpürene kadar çırpın. Kalan şekeri yavaş yavaş ekleyin ve sert tepeler oluşuncaya kadar çırpmaya devam edin.

f) Çırpılmış yumurta aklarını, hiç iz kalmayıncaya kadar yavaşça hamurun içine katlayın.

g) Hamuru kek kalıplarına eşit şekilde paylaştırın ve her birinin yaklaşık üçte ikisini doldurun.

ğ) 15-18 dakika veya kekin ortasına batırdığınız kürdan temiz çıkana kadar pişirin.

h) Fırından çıkarın ve kekleri birkaç dakika tavada soğumaya bırakın, ardından tamamen soğuması için tel rafa aktarın.

ı) Soğuduktan sonra isteğe bağlı olarak keklerin üzerine matcha tozu serpebilir veya süslemek için üzerlerine matcha aromalı krem şanti sürebilirsiniz.

9.Hindistan cevizli şifon kekler

İÇİNDEKİLER:
- 4 büyük yumurta, ayrılmış
- 1/2 su bardağı toz şeker
- 1/4 su bardağı bitkisel yağ
- 1/4 bardak hindistan cevizi sütü
- 1 çay kaşığı vanilya özü
- 1/2 su bardağı kıyılmış hindistan cevizi
- 1 su bardağı kek unu
- 1 çay kaşığı kabartma tozu
- 1/4 çay kaşığı tuz

TALİMATLAR:
a) Fırınınızı 325°F'ye (160°C) önceden ısıtın. Muffin kalıbını kek kalıplarıyla kaplayın.
b) Büyük bir karıştırma kabında yumurta sarılarını şekerin yarısıyla beyazlaşıp koyulaşana kadar çırpın. Yavaş yavaş bitkisel yağı, hindistancevizi sütünü ve vanilya özünü ekleyin ve iyice birleşene kadar karıştırın.
c) Kıyılmış hindistan cevizini eşit şekilde dağıtılıncaya kadar karıştırın.
ç) Ayrı bir kapta kek ununu, kabartma tozunu ve tuzu birlikte eleyin.
d) Kuru malzemeleri yavaş yavaş ıslak malzemelere ekleyin, pürüzsüz ve iyice birleşene kadar karıştırın.
e) Başka bir temiz karıştırma kabında yumurta aklarını köpürene kadar çırpın. Kalan şekeri yavaş yavaş ekleyin ve sert tepeler oluşuncaya kadar çırpmaya devam edin.
f) Çırpılmış yumurta aklarını, hiç iz kalmayıncaya kadar yavaşça hamurun içine katlayın.
g) Hamuru kek kalıplarına eşit şekilde paylaştırın ve her birinin yaklaşık üçte ikisini doldurun.
ğ) 15-18 dakika veya kekin ortasına batırdığınız kürdan temiz çıkana kadar pişirin.
h) Fırından çıkarın ve kekleri birkaç dakika tavada soğumaya bırakın, ardından tamamen soğuması için tel rafa aktarın.
ı) Soğuduktan sonra isteğe bağlı olarak keklerin üzerine Hindistan cevizi kreması ve kızarmış Hindistan cevizi gevreği ekleyerek süsleme yapabilirsiniz.

10.Vanilyalı Fasulye Şifon Cupcakes

İÇİNDEKİLER:

- 4 büyük yumurta, ayrılmış
- 1/2 su bardağı toz şeker
- 1/4 su bardağı bitkisel yağ
- 1/4 su bardağı süt
- 1 çay kaşığı vanilya özü
- 1 vanilya fasulyesi kabuğunun tohumları
- 1 su bardağı kek unu
- 1 çay kaşığı kabartma tozu
- 1/4 çay kaşığı tuz

TALİMATLAR:

a) Fırınınızı 325°F'ye (160°C) önceden ısıtın. Muffin kalıbını kek kalıplarıyla kaplayın.
b) Büyük bir karıştırma kabında yumurta sarılarını şekerin yarısıyla beyazlaşıp koyulaşana kadar çırpın. Yavaş yavaş bitkisel yağ, süt, vanilya ekstraktı ve vanilya fasulyesi tohumlarını ekleyin ve iyice birleşene kadar karıştırın.
c) Ayrı bir kapta kek ununu, kabartma tozunu ve tuzu birlikte eleyin.
ç) Kuru malzemeleri yavaş yavaş ıslak malzemelere ekleyin, pürüzsüz ve iyice birleşene kadar karıştırın.
d) Başka bir temiz karıştırma kabında yumurta aklarını köpürene kadar çırpın. Kalan şekeri yavaş yavaş ekleyin ve sert tepeler oluşuncaya kadar çırpmaya devam edin.
e) Çırpılmış yumurta aklarını, hiç iz kalmayıncaya kadar yavaşça hamurun içine katlayın.
f) Hamuru kek kalıplarına eşit şekilde paylaştırın ve her birinin yaklaşık üçte ikisini doldurun.
g) 15-18 dakika veya kekin ortasına batırdığınız kürdan temiz çıkana kadar pişirin.

11. Lavanta Ballı Şifon Cupcakes

İÇİNDEKİLER:

- 1 1/2 su bardağı kek unu
- 1 su bardağı toz şeker
- 1 1/2 çay kaşığı kabartma tozu
- 1/2 çay kaşığı tuz
- 1/2 su bardağı bitkisel yağ
- 5 büyük yumurta sarısı
- 3/4 bardak tam yağlı süt
- 1 yemek kaşığı kurutulmuş mutfak lavanta çiçekleri
- 1/4 bardak bal
- 5 büyük yumurta akı
- 1/4 çay kaşığı tartar kreması

TALİMATLAR:

a) Fırınınızı 325°F'ye (160°C) önceden ısıtın. Muffin kalıplarını kek kalıplarıyla kaplayın.

b) Küçük bir tencerede sütü ılık olana kadar ısıtın. Ateşten alın ve kurutulmuş lavanta çiçeklerini ekleyin. 10-15 dakika demlenmeye bırakın, ardından lavantayı çıkarmak için sütü süzün.

c) Büyük bir karıştırma kabında kek ununu, şekeri, kabartma tozunu ve tuzu birlikte çırpın.

ç) Kuru malzemelerin ortasında bir havuz açın ve bitkisel yağı, yumurta sarısını, lavantalı sütü ve balı ekleyin. Pürüzsüz olana kadar karıştırın.

d) Ayrı bir temiz karıştırma kabında yumurta aklarını ve tartar kremasını sert zirveler oluşana kadar çırpın.

e) Çırpılmış yumurta aklarını, birleşene kadar yavaşça hamurun içine katlayın.

f) Hamuru hazırlanan kek kalıpları arasında eşit olarak bölün ve her birinin yaklaşık 3/4'ünü doldurun.

g) 18-20 dakika veya ortasına batırdığınız kürdan temiz çıkana kadar pişirin.

ğ) Fırından çıkarın ve servis etmeden önce keklerin tel ızgara üzerinde tamamen soğumasını bekleyin.

12.Fıstıklı Gülsuyu Şifon Cupcakes

İÇİNDEKİLER:

- 1 1/2 su bardağı kek unu
- 1 su bardağı toz şeker
- 1 1/2 çay kaşığı kabartma tozu
- 1/2 çay kaşığı tuz
- 1/2 su bardağı bitkisel yağ
- 5 büyük yumurta sarısı
- 3/4 bardak tam yağlı süt
- 1/2 su bardağı kabuklu fıstık, ince öğütülmüş
- 1 çay kaşığı gül suyu
- 5 büyük yumurta akı
- 1/4 çay kaşığı tartar kreması

TALİMATLAR:

a) Fırınınızı 325°F'ye (160°C) önceden ısıtın. Muffin kalıplarını kek kalıplarıyla kaplayın.

b) Kabukları soyulmuş antep fıstıklarını mutfak robotunda iyice öğütülene kadar çekin.

c) Büyük bir karıştırma kabında kek ununu, şekeri, kabartma tozunu, tuzu ve öğütülmüş antep fıstığını birlikte çırpın.

ç) Kuru malzemelerin ortasını havuz gibi açıp bitkisel yağı, yumurta sarısını, tam yağlı sütü ve gül suyunu ekleyin. Pürüzsüz olana kadar karıştırın.

d) Ayrı bir temiz karıştırma kabında yumurta aklarını ve tartar kremasını sert zirveler oluşana kadar çırpın.

e) Çırpılmış yumurta aklarını, birleşene kadar yavaşça hamurun içine katlayın.

f) Hamuru hazırlanan kek kalıpları arasında eşit olarak bölün ve her birinin yaklaşık 3/4'ünü doldurun.

g) 18-20 dakika veya ortasına batırdığınız kürdan temiz çıkana kadar pişirin.

ğ) Fırından çıkarın ve servis etmeden önce keklerin tel ızgara üzerinde tamamen soğumasını bekleyin.

13. Earl Grey Çay Şifon Cupcakes

İÇİNDEKİLER:

- 1 1/2 su bardağı kek unu
- 1 su bardağı toz şeker
- 1 1/2 çay kaşığı kabartma tozu
- 1/2 çay kaşığı tuz
- 1/2 su bardağı bitkisel yağ
- 5 büyük yumurta sarısı
- 3/4 bardak tam yağlı süt
- 2 yemek kaşığı gevşek Earl Grey çay yaprakları
- 5 büyük yumurta akı
- 1/4 çay kaşığı tartar kreması

TALİMATLAR:

a) Fırınınızı 325°F'ye (160°C) önceden ısıtın. Muffin kalıplarını kek kalıplarıyla kaplayın.

b) Küçük bir tencerede sütü ılık olana kadar ısıtın. Ateşten alın ve gevşek Earl Grey çay yapraklarını ekleyin . 10-15 dakika demlenmeye bırakın, ardından çay yapraklarını çıkarmak için sütü süzün.

c) Büyük bir karıştırma kabında kek ununu, şekerl, kabartma tozunu ve tuzu birlikte çırpın.

ç) Kuru malzemelerin ortasını havuz gibi açın ve bitkisel yağı, yumurta sarısını ve Earl Grey katkılı sütü ekleyin. Pürüzsüz olana kadar karıştırın.

d) Ayrı bir temiz karıştırma kabında yumurta aklarını ve tartar kremasını sert zirveler oluşana kadar çırpın.

e) Çırpılmış yumurta aklarını, birleşene kadar yavaşça hamurun içine katlayın.

f) Hamuru hazırlanan kek kalıpları arasında eşit olarak bölün ve her birinin yaklaşık 3/4'ünü doldurun.

g) 18-20 dakika veya ortasına batırdığınız kürdan temiz çıkana kadar pişirin.

ğ) Fırından çıkarın ve servis etmeden önce keklerin tel ızgara üzerinde tamamen soğumasını bekleyin.

Şifon Turtalar

14.Ahududu Şifon Pasta

İÇİNDEKİLER:

- 1 Pasta kabuğu
- 2 bardak Ağır krema
- 6 ons Krem peynir, yumuşatılmış
- 2 çay kaşığı Vanilya özü
- 10 ons Ahududu meyvesi yayılması
- Ahududu (isteğe bağlı, süslemek için)
- Nane yaprakları (isteğe bağlı, garnitür için)

TALİMATLAR:

a) Fırını önceden 375°F'ye ısıtın. Hamuru 11 inçlik bir daireye açın ve 9 inçlik bir pasta tabağını sıralayın. Kenarları kesin ve yivleyin; altını ve yanlarını çatalla delin. 15 dakika veya altın rengi kahverengi olana kadar pişirin. Tel raf üzerinde tamamen soğutun.

b) Küçük bir kapta kremayı sert tepeler oluşuncaya kadar Yüksek ayarda çırpın; bir kenara koyun.

c) Orta boy bir kapta krem peyniri ve vanilyayı birleştirin; Hafif ve kabarık olana kadar çırpın. Kasenin kenarlarını sık sık kazıyarak ahududu meyvesini karıştırın.

ç) Garnitür için ½ bardak çırpılmış krema ayırın; Kalan çırpılmış kremayı, beyaz çizgiler kalmayıncaya kadar krem peynir karışımına katlayın.

d) Karışımı soğuyan tart hamurunun üzerine eşit şekilde paylaştırın. En az 2 saat soğutun.

e) Servis yapmadan hemen önce, ayırdığınız krem şantiyi pastanın kenarına kaşıkla dökün.

f) Arzu ederseniz ahududu ve taze nane yapraklarıyla süsleyin.

15. Elmalı Tarçınlı Şifon Pasta

1 porsiyon

İÇİNDEKİLER:
- 3 Yumurta, ayrılmış
- ¼ bardak Su
- 1 Zarf Tatlandırılmamış Jelatin
- 2 yemek kaşığı Kırmızı Tarçınlı Şeker
- 1½ bardak Elma püresi
- 2 yemek kaşığı Şeker
- 1 9 İnç Pasta Kabuğu, pişmiş

TALİMATLAR:

a) Orta boy bir tencerede yumurta sarılarını suyla çırpın. Jelatini bir tencereye dökün ve 1 dakika bekletin. Şekerleri ve elma püresini ekleyin.

b) Jelatin eriyene kadar, yaklaşık 5 dakika, kısık ateşte karıştırın. Büyük bir kaseye dökün ve karışım bir kaşıktan düştüğünde hafifçe topaklaşana kadar ara sıra karıştırarak soğutun.

c) Büyük bir kapta yumurta aklarını yumuşak zirveler oluşuncaya kadar çırpın; yavaş yavaş şekeri ekleyin ve sertleşene kadar çırpın. Jelatin karışımına katlayın. Hazırlanan kabuğa çevirin ve sertleşinceye kadar soğutun.

16.Siyah Kirazlı Şifon Pasta

İÇİNDEKİLER:

- 2 kutu (1 pound) çekirdeksiz siyah kiraz
- 1 çay kaşığı Aromasız jelatin
- 4 Yumurta, ayrılmış
- ¼ çay kaşığı Tuz
- ½ bardak) şeker
- 1 çay kaşığı Limon suyu
- 9 inçlik pişmiş hamur işi veya kırıntı kabuğu
- Süslemek için kavrulmuş badem

TALİMATLAR:

a) Siyah kirazları süzün ve doğrayın, suyunu saklayın. Jelatini ¼ bardak vişne suyunda yumuşatın.

b) Bir kapta yumurta sarılarını, şekeri, tuzu, limon suyunu ve ½ bardak vişne suyunu birlikte çırpın. Karışımı kaynayan suyun üzerinde koyulaşana kadar karıştırın.

c) Yumuşatılmış jelatini ve doğranmış kirazları ekleyin. Karışımı kalın ve şurup kıvamına gelinceye kadar soğutun.

ç) Ayrı bir kapta yumurta aklarını sert tepecikler oluşuncaya kadar çırpın. Çırpılmış yumurta aklarını yavaşça kiraz karışımına katlayın.

d) Kombine karışımı pişmiş hamur işinin veya kırıntı kabuğunun içine dökün.

e) Pastayı sertleşene kadar yaklaşık 3 saat soğutun.

f) Kavrulmuş bademle süslenen pastayı servis yapın.

17. Karamelli Şifon Pasta

İÇİNDEKİLER:
- 1 yemek kaşığı Aromasız jelatin
- ¼ bardak Soğuk su
- 3 yumurta; ayrılmış
- 1 su bardağı esmer şeker
- ¼ çay kaşığı Tuz
- 1 su bardağı Kaynamış süt
- 1 çay kaşığı Vanilya
- 1½ su bardağı Ağır krema; bölünmüş
- 9 inçlik pişmiş pasta kabuğu; VEYA Ceviz Kırıntısı Kabuğu (aşağıya bakın)

CEVİZ KIRINTI KABUK:
- 1 su bardağı çekilmiş ceviz
- 1 çay kaşığı Şeker
- ¼ bardak Vanilyalı gofret kırıntıları

TALİMATLAR:
a) Jelatini suda yumuşatın.
b) Ağır bir tencerede iyice dövülmüş yumurta sarısını esmer şeker, tuz ve sütle karıştırın. Karışımı sürekli karıştırarak hafif koyulaşana kadar pişirin.
c) Karışıma yumuşatılmış jelatin ekleyin ve eriyene kadar karıştırın. Karışımı koyulaşana kadar soğutun.
ç) Yumurta aklarını sertleşinceye kadar fakat kuru olmayana kadar çırpın. Vanilya ve yumurta aklarını soğutulmuş jelatin karışımına karıştırın.
d) Karışıma 1 su bardağı çırpılmış ağır krema ekleyin. Kombine karışımı pişmiş pasta kabuğuna çevirin.
e) Pastayı birkaç saat soğutun.
f) Servis etmeye hazır olduğunuzda kalan ½ fincan kremayı sertleşinceye kadar çırpın. Pastanın kenarlarını çırpılmış kremayla süsleyin.

CEVİZ KIRINTI KABUK:
g) Bir kapta öğütülmüş cevizleri şeker ve vanilyalı gofret kırıntılarıyla karıştırın.
ğ) Karışımı 9 inçlik bir pasta tepsisinin tabanına ve yanlarına sıkıca bastırın.

18.Şifon Reçeli Pislik Turta

İÇİNDEKİLER:
- 1½ ila 2 bardak reçel yapımından kalan köpük
- 12 ons Cool Whip veya eşdeğeri
- 1 Graham Kraker kabuğu
- Reçel meyvesi (süslemek için)

TALİMATLAR:
a) Soğutulmuş reçel yapma köpüğünü ve Cool Whip kartonunu karıştırın.
b) Karışımı graham kraker kabuğuna dökün.
c) Pastayı, reçelin yapıldığı meyvelerin bir kısmıyla süsleyin.
ç) Pastayı 2 saat soğutun.
d) Servis yapın ve tadını çıkarın.

19.bal kabaklı kabarık pasta

İÇİNDEKİLER:
- 1 Zarf Knox Aromasız Jelatin
- ¾ bardak koyu kahverengi şeker, sıkıca paketlenmiş
- ½ çay kaşığı Tuz
- ½ çay kaşığı Hindistan cevizi
- 1 çay kaşığı Tarçın
- ½ bardak Süt
- ¼ bardak Su
- 3 Yumurta sarısı
- 1½ bardak Konserve kabak
- 3 Yumurta akı, sertçe dövülmüş
- ¼ bardak Şeker
- 1 Fırında 9 inçlik pasta kabuğu

TALİMATLAR:
a) Benzinli kazanın üstünde ilk 5 malzemeyi karıştırın.
b) Süt, su, yumurta sarısı ve konserve balkabağını karıştırın. İyice karıştırın.
c) Kaynayan suyun üzerine yerleştirin. Jelatin eriyene ve karışım ısıtılıncaya kadar yaklaşık 10 dakika boyunca sürekli karıştırarak pişirin.
ç) Ateşten alın. Karışım kaşıktan düştüğünde topaklaşana kadar soğutun.
d) Yumurta aklarını sertleşene kadar çırpın, ardından şekeri ekleyin. Yumurta akı karışımını soğutulmuş jelatin karışımına katlayın.
e) Kombine karışımı pişmiş 9 inçlik pasta kabuğuna çevirin.
f) 9 inçlik turta kabuğu için: 14 inçlik bir Kaiser Broiling Folyo karesi üzerine 12 inçlik bir pasta hamuru çemberi yuvarlayın. Folyoyu ve hamuru pasta tabağına kaldırın, yavaşça tabağa oturtun ve pastanın kenarını yivleyin. Hamurun altını ve yanlarını delin. 10 dakika boyunca 450°F'de veya eşit şekilde kahverengileşene kadar pişirin (folyo aşırı kahverengileşmeyi önler). Serin.
g) Dolguyu kabuğun içine koyun, gevşek bir şekilde folyoya sarın ve gece boyunca buzdolabında saklayın.
ğ) Soğuyunca servis yapın, isteğe göre kremayla süsleyin.
h) Hafif ve lezzetli Balkabağı Şifon Pastanızın tadını çıkarın! Büyük bir akşam yemeğinin ardından tatil tatlısı için mükemmeldir.

20.Eggnog Şifon Pasta

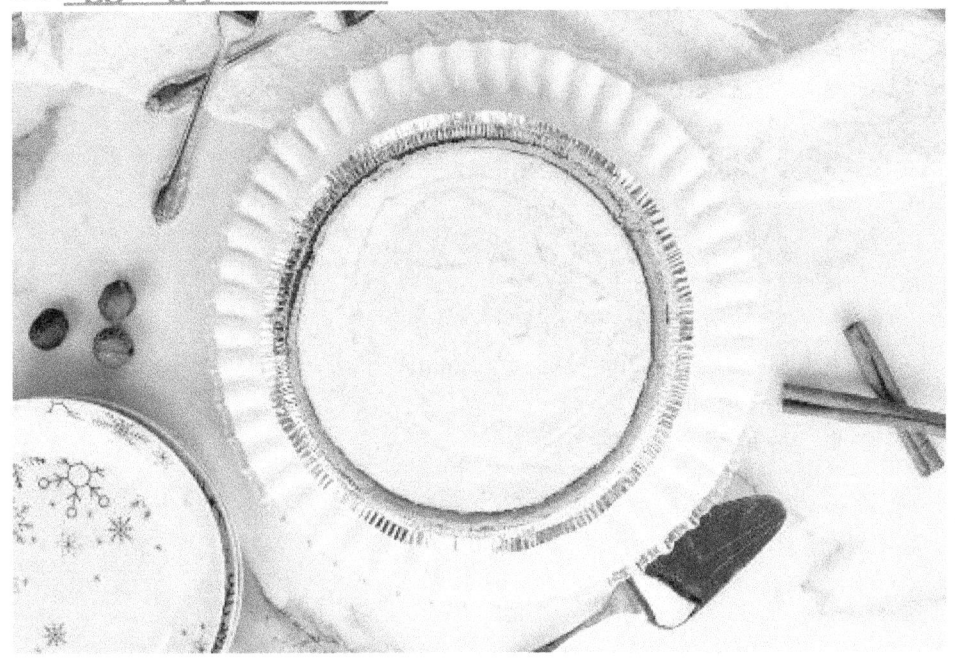

İÇİNDEKİLER:
- Pişmiş hamur işi kabuğu
- ¼ bardak Şeker
- 1 Zarf aromasız jelatin
- 1½ bardak Sütlü yumurta likörü
- 2 Hafifçe çırpılmış yumurta sarısı
- ¼ bardak rom
- 2 Yumurta beyazı
- 2 yemek kaşığı Şeker
- ¾ bardak krem şanti
- Karamel Telkari (aşağıya bakın)

karamel telkari:
- ½ bardak) şeker

TALİMATLAR:

a) Doldurmak için orta boy bir tencerede şekeri ve jelatini birleştirin. Yumurta likörü ve yumurta sarısını ekleyin. Şeker ve jelatin eriyene ve karışım hafifçe koyulaşıp kabarcıklar oluşana kadar pişirin ve karıştırın.

b) 10 dakika soğutun; romu karıştırın. Ara sıra karıştırarak mısır şurubu kıvamına gelinceye kadar soğutun. Buzdolabından çıkarın; Kısmen sertleşinceye kadar bekletin (dövülmemiş yumurta akı kıvamı).

c) Büyük bir karıştırıcı kabında yumurta aklarını yumuşak tepeler oluşana kadar (uçlar kıvrılıncaya kadar) çırpın. Kalan 2 yemek kaşığı şekeri yavaş yavaş ekleyin ve sert tepe noktaları oluşana kadar çırpın (uçlar düz durun).

ç) Yumurta aklarını jelatin karışımına katlayın. Yumuşak zirveler oluşana kadar kremayı çırpın. Kremayı yumurta likörü karışımına katlayın.

d) Karışım kaşıkla dökülünceye kadar soğutun; pişmiş hamur kabuğunun içine kazın. Birkaç saat veya ayarlanana kadar soğutun.

e) Servis yapmadan yaklaşık 1 saat önce Karamel Telkari'yi hazırlayın.

karamel telkari:

f) 1 litrelik ağır bir tencerede, ½ bardak şekeri orta-düşük ateşte karıştırmadan ısıtın.

g) Şeker erimeye başlayınca ısıtın ve karışım neredeyse orta karamel rengine gelinceye kadar sürekli karıştırın (şurup ocaktan alındıktan sonra koyulaşacaktır).

ğ) Birkaç damla sıcak suyu karıştırın. 1 dakika kadar bekletin.

h) oluşana kadar pastanın üstüne hızla gezdirin .

21.Meyve Kokteyli Şifon Pasta

İÇİNDEKİLER:

- 1 paket (8 ons) Philadelphia yağsız krem peynir
- 1 paket (4 porsiyon) Jell-O şekersiz hazır vanilyalı puding karışımı
- ⅓ bardak Karanfil yağsız kuru süt tozu
- 1 bardak Su
- 1 bardak Cool Whip Lite
- 1 kutu (16 ons) meyve kokteyli, suyuyla paketlenmiş, süzülmüş
- 1 6 ons Keebler graham-kraker pasta kabuğu

TALİMATLAR:

a) Büyük bir karıştırma kabında krem peyniri bir kaşıkla yumuşayana kadar karıştırın.
b) Kuru puding karışımını, kuru süt tozunu ve suyu ekleyin. Tel çırpıcı yardımıyla iyice karıştırın.
c) ½ fincan Cool Whip Lite'ı katlayın.
ç) Süzülmüş meyve kokteylini ekleyin. Birleştirmek için yavaşça karıştırın.
d) Karışımı graham-kraker pasta kabuğuna dökün .
e) Servis yapmaya hazır olana kadar buzdolabında saklayın.
f) Servis yaparken her parçanın üzerine 1 çorba kaşığı Cool Whip Lite ekleyin.
g) Hafif ve lezzetli Meyve Kokteyli Şifon Pastanızın tadını çıkarın!

22.Guava Şifon Pastası

İÇİNDEKİLER:
PASLANMAZ BÖREK KABUK:
- 1 su bardağı Un
- ¼ çay kaşığı Tuz
- ¼ fincan Kısaltma
- ¼ bardak Tereyağı (soğuk)
- Soğuk su (gerektiği kadar)

DOLGU:
- 1 Zarf aromasız jelatin
- 1 yemek kaşığı Limon suyu
- 4 yumurta; ayrılmış
- 1 bardak Guava suyu
- ¾ bardak Şeker
- Birkaç damla kırmızı gıda boyası
- ⅛ çay kaşığı tartar kreması

SÜSLEME:
- Şekerli çırpılmış krema
- Guava dilimleri

TALİMATLAR:
PASLANMAZ BÖREK KABUK:
a) Un ve tuzu birleştirin. Topaklar bezelye büyüklüğüne gelinceye kadar yağ ve tereyağını kesin.
b) Suyu ekleyin ve karışım nemlenene kadar karıştırın. Bir topun içine bastırın ve 45 dakika soğutun.
c) Unlanmış tezgahta, iyice unlanmış veya oklavayla kaplanmış bir merdaneyle açın. Hamuru dikkatlice 9 inçlik bir pasta tabağına aktarın. Pierce'ın her şeyi çatalla bitti.
ç) 400°F'de 15 dakika pişirin. Serin.

DOLGU:
d) Jelatini limon suyunda yumuşatın ve bir kenara koyun.
e) Bir tencerede yumurta sarısını, guava suyunu ve ½ bardak şekeri birleştirin. Birkaç damla kırmızı gıda boyası ekleyin.
f) Karışım koyulaşana kadar orta ateşte karıştırarak pişirin.
g) Jelatin karışımını ekleyin ve eriyene kadar karıştırın. Karışımı yenilmemiş yumurta akı kıvamına gelinceye kadar soğutun.

ğ) Yumurta aklarını ve tartar kremasını yumuşak zirveler oluşuncaya kadar çırpın. Yavaş yavaş ¼ bardak şekeri ekleyin ve sert zirveler oluşana kadar çırpın.

h) Jelatin karışımını katlayın ve pişmiş hamur işi kabuğunun içine dökün. Sakin olmak.

SÜSLEME:

ı) Üstüne şekerli çırpılmış krema ekleyin.
i) Guava dilimleriyle süsleyin.
j) Canlandırıcı Guava Şifon Pastanızın tadını çıkarın!

23.Limonlu Şifon Pasta

İÇİNDEKİLER:
HİNDİSTAN CEVİZİ KABUĞU:
- 2 su bardağı rendelenmiş hindistan cevizi, kızartılmış
- ¼ bardak Esmer şeker
- ½ bardak Tereyağı, eritilmiş

ŞURUBUNUN DOLUMU:
- ⅓ fincan Rezerve edilmiş limon şurubu
- 1 paket Aromasız jelatin
- ⅓ bardak Taze limon suyu
- ½ bardak Şeker, bölünmüş
- 2 Yumurta, ayrılmış
- 1 bardak Su
- ½ bardak) şeker
- ¼ bardak Misket Limonu kabuğu (kabuğu), ince kesilmiş şeritler
- İsteğe göre 5 damla gıda boyası (yeşil)

KREM:
- 1 su bardağı krem şanti
- 1 çay kaşığı Vanilya

TALİMATLAR:
HİNDİSTAN CEVİZİ KABUĞU:
a) Kıyılmış hindistan cevizini, esmer şekeri ve eritilmiş tereyağını bir kasede karıştırın.
b) Karışımı 20 cm'lik (9 inç) yağlanmış bir pasta tabağına sıkıca bastırın. Sertleşinceye kadar soğutun.

ŞURUBUN YAPILMASI:
c) Bir tencerede su ve şekeri birleştirin. Kaynamaya ısıtın.
ç) Limon kabuğu rendesini karıştırın ve 30 dakika pişirin. Şurubu ve limon kabuğu rendesini ayırarak süzün.

DOLDURMAK İÇİN:
d) ⅓ bardak (75 ml) şurubu bir tencerede ısıtın.
e) Tavayı ocaktan alın ve üzerine jelatin serpip 1 dakika yumuşamasını bekleyin. Daha sonra limon suyunu, ¼ bardak (50 ml) şekeri, 2 yumurta sarısını ve istenirse gıda boyasını ekleyip karıştırın.

f) Karışım kalın ve köpüklü hale gelinceye kadar sürekli karıştırarak yaklaşık 5 dakika kısık ateşte tutun.
g) Isıdan çıkarın ve oda sıcaklığına soğutun.
ğ) Yumurta aklarını ve kalan şekeri 2 yemek kaşığı (25 ml) sert tepecikler oluşuncaya kadar çırpın.
h) Kireç kreması karışımını yumurta aklarına katlayın.
ı) Krem şantiyi kalan 2 yemek kaşığı (25 ml) şekerle çırpın ve ayrılmış misket limonu kabuğu rendesi ile süsleyin.
i) Servis yapmadan önce birkaç saat soğutun.
j) Canlandırıcı ve keskin Key Lime Şifon Pastanızın tadını çıkarın!

24.Macadamia Şifon Pasta

İÇİNDEKİLER:

- 1½ su bardağı ince kıyılmış macadamia fıstığı
- ¼ bardak Soğuk su
- 2 çay kaşığı Aromasız jelatin
- 4 Yumurta sarısı
- ½ bardak) şeker
- ½ su bardağı kaynar su
- 5 yemek kaşığı koyu rom
- 1 çay kaşığı Limon kabuğu rendesi
- 4 Yumurta beyazı
- Bir tutam tuz
- 1 Pasta kabuğu, kısa kabuk, 10"
- ½ fincan Ağır krema, soğutulmuş
- 2 yemek kaşığı Süper ince şeker

TALİMATLAR:

a) ¼ bardak soğuk su dökün, üzerine jelatini serpin ve 2-3 dakika yumuşamasını bekleyin. Bardağı kaynayan su dolu bir tavaya koyun ve jelatini eriyene kadar kısık ateşte karıştırın. Tavayı ocaktan alın, ancak jelatini sıcak tutmak için bardağı içeride bırakın.

b) Bir çırpma teli veya elektrikli çırpıcıyla sarıları iyice karışana kadar çırpın.

c) Yavaş yavaş ¼ bardak normal şekeri ekleyin ve çırpıcı kaseden kaldırıldığında sarılar bir şerit halinde düşecek kadar kalın olana kadar çırpmaya devam edin.

ç) Sürekli çırparak kaynar suyu ince bir akıntıya dökün, ardından karışımı 1½ ila 2 litrelik emaye veya paslanmaz çelik tencereye dökün. Kaşığı kaplayacak kadar ağır bir muhallebi kıvamına gelinceye kadar kısık ateşte karıştırın. Muhallebinin kaynatılmasına izin vermeyin, aksi halde kıvrılabilir.

d) Tavayı ocaktan alın ve çözünmüş jelatini ilave edin, ardından muhallebiyi derin bir kasenin üzerine yerleştirilmiş ince bir süzgeçten süzün ve 3 yemek kaşığı rom ve limon kabuğunu ekleyin. Muhallebinin oda sıcaklığına soğumasını bekleyin, ara sıra karıştırarak donmasını önleyin.

e) Ayrı bir kapta yumurta aklarını ve tuzu temiz bir çırpma teli veya çırpıcıyla köpürene kadar çırpın. Kalan normal şekeri serpin ve beyazlar zirveye ulaşıncaya kadar çırpmaya devam edin.
f) Beyazların yaklaşık ¼'ünü kremaya karıştırın, ardından kalan yumurta beyazlarının üzerine dökün ve bir spatula ile karıştırın.
g) 1¼ bardak fındık ekleyin, şifon karışımını turta kabuğuna dökün ve üstünü spatula ile düzeltin. Servis edilene kadar buzdolabında saklayın.
ğ) Servis yapmadan hemen önce kremayı tel çırpıcı veya mikserle koyulaşana kadar çırpın. Çok ince şekeri ve kalan 2 yemek kaşığı romu ekleyin. Krema sertleşinceye kadar çırpmaya devam edin.
h) Kremayı bir spatula yardımıyla pastanın üzerine yayın ve kalan fındıkları da üzerine serpin.

25. Portakal Çiçeği Şifon Pasta

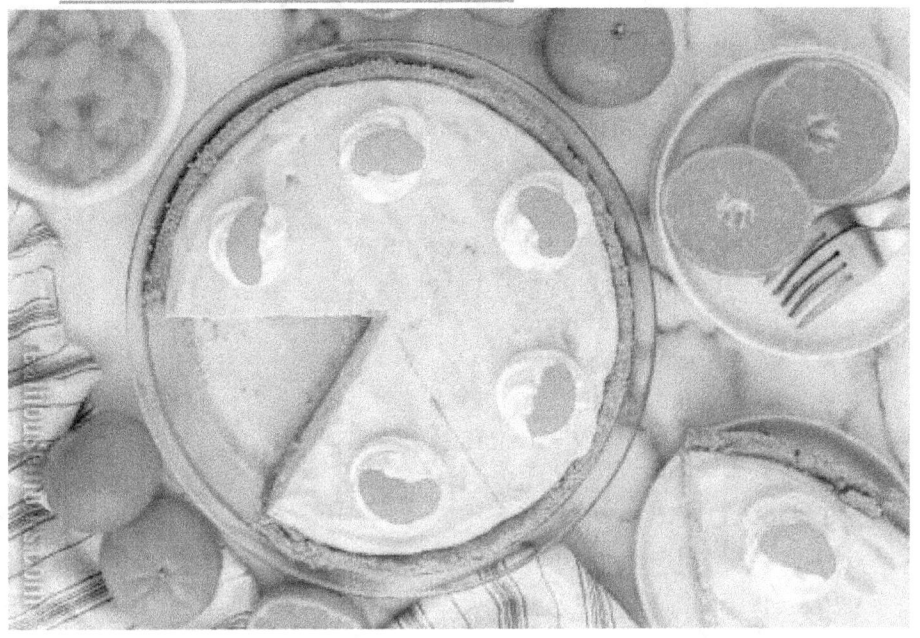

İÇİNDEKİLER:
- 6 ons Dondurulmuş portakal suyu konsantresi, kısmen çözülmüş
- ⅓ su bardağı soğuk su
- 1 Zarf aromasız jelatin
- 2 Yumurta sarısı
- 1 bardak Su
- ¼ çay kaşığı Tuz
- 1 bardak Ağır krema, soğutulmuş
- 2 yemek kaşığı Şekerleme şekeri
- 1 çay kaşığı Vanilya özü
- 2 Yumurta beyazı
- ¼ bardak Şeker
- 1 9 inçlik pişmiş pasta kabuğu

TALİMATLAR:
a) Yumuşatmak için jelatini ikili kazanın üstüne soğuk su serpin.
b) Yumurta sarılarını, kalan suyu ve tuzu birlikte çırpın. Jelatinle karıştırın.
c) Jelatin çözülene ve karışım hafifçe koyulaşana kadar, yaklaşık 5 dakika boyunca sürekli karıştırarak kaynar suyun üzerinde pişirin.
ç) Derhal ocaktan alın, portakal suyu konsantresini ekleyin ve karışana kadar karıştırın. Karışım bir kaşıktan düştüğünde topaklaşana kadar ara sıra karıştırarak soğutun (veya sık sık karıştırarak buz ve su üzerinde soğutun).
d) Bu arada kremayı yumuşak tepeler oluşuncaya kadar çırpın. Son birkaç vuruşla şekerleme şekerini ve vanilya özünü çırpın; buzdolabına koyun.
e) Temiz bir çırpıcı kullanarak yumurta aklarını köpürene kadar çırpın. Yavaş yavaş toz şekeri ekleyin ve yuvarlak tepe noktaları oluşana kadar çırpmaya devam edin.
f) Jelatin karışımını ve ardından çırpılmış kremayı ekleyin. Pişmiş hamur işi kabuğuna çevirin. Kaşığın arkasını kullanarak üst kısmını çevirin.
g) İyice soğutun. İstenirse pastayı portakal dilimleri ve pasta kesikleriyle süsleyin.

26.Şeftali Şifon Pasta

İÇİNDEKİLER:

- 1 zarf aromasız jelatin
- 1¼ bardak Dr Pepper
- ¼ çay kaşığı Tuz
- ½ bardak) şeker
- 3 yumurta; ayrılmış
- 1 yemek kaşığı Limon suyu
- ¼ bardak Şeker
- 1¼ bardak Konserve şeftali; dilimlenmiş ve doğranmış
- 1 9 inçlik Pasta kabuğu

TALİMATLAR:

a) Jelatini Dr Pepper ile birleştirin. Bir kenara koyun.
b) Tuz, ½ su bardağı şeker ve çırpılmış yumurta sarısını benmaride birleştirin. Jelatin karışımını karıştırın.
c) Sıcak su üzerinde hafif koyulaşıncaya kadar karıştırarak pişirin.
ç) Limon suyu ekleyin. Kısmen ayarlanana kadar ara sıra karıştırarak soğutun.
d) Yumurta aklarını köpürene kadar çırpın. Sert zirveler oluşana kadar çırparak ¼ bardak şekeri yavaş yavaş ekleyin.
e) Jelatin karışımını katlayın; daha sonra şeftalileri katlayın.
f) Karışım kaşıktan düştüğünde topaklaşana kadar soğutun.
g) Soğuk pasta kabuğuna dökün.
ğ) Sertleşinceye kadar soğutun.
h) Sade olarak veya çırpılmış krema ve ilave dilimlenmiş şeftali ile süslenerek servis yapın.

27. Fıstık Ezmeli Şifon Pasta

İÇİNDEKİLER:

- ½ bardak) şeker
- 2 çay kaşığı Aromasız jelatin
- ½ çay kaşığı Hindistan cevizi
- ¼ çay kaşığı Tuz
- 1 bardak Su
- ½ bardak fıstık ezmesi
- 2 Yumurta sarısı, hafif çırpılmış
- 1 çay kaşığı Vanilya
- 2 Yumurta beyazı
- 2 yemek kaşığı Şeker
- ½ su bardağı krem şanti
- 1 Tamamen olgunlaşmış muz (isteğe bağlı)
- 1 9" pişmiş hamur işi kabuğu, soğutulmuş

TALİMATLAR:

a) İlk 4 malzemeyi karıştırın.
b) Fıstık ezmesine yavaş yavaş su ekleyin. Pürüzsüz olana kadar karıştır; yumurta sarısını karıştırın.
c) Jelatin karışımını ekleyin. Karışım hafifçe kalınlaşana kadar soğutun ve karıştırın. Vanilyayı ekleyin ve kısmen katılaşana kadar soğutun.
ç) Yumurta aklarını yumuşak zirvelere kadar çırpın, 2 yemek kaşığı şeker ekleyin, sert zirvelere kadar çırpın; ilk karışıma katlayın.
d) Kremayı sertleşinceye kadar çırpın ve pasta karışımına katlayın.
e) İstenirse muzu hamur işi kabuğunun içine dilimleyin ve üzerine dolguyu ekleyin.
f) Her topağı bir dilim muzla birlikte çırpılmış krema toplarıyla süsleyin.

ŞİFON PEYNİRLER

28.Pişirmesiz Ananaslı Şifon Cheesecake

İÇİNDEKİLER:

- 1 ½ bardak graham kraker kırıntısı
- ¼ bardak tuzsuz tereyağı, eritilmiş
- 8 ons hafif krem peynir, yumuşatılmış
- ½ su bardağı pudra şekeri
- 1 kutu (20 ons) ezilmiş ananas, süzülmüş
- 1 bardak çırpılmış tepesi (Cool Whip veya ev yapımı çırpılmış krema gibi)

TALİMATLAR:

a) Bir karıştırma kabında graham kraker kırıntılarını ve eritilmiş tereyağını birleştirin. Kırıntılar eşit şekilde kaplanana kadar karıştırın.

b) Kabuğu oluşturmak için karışımı yağlanmış veya astarlanmış 9 inçlik bir pasta tabağının tabanına bastırın. Doldurmayı hazırlarken soğuması için buzdolabına koyun.

c) Ayrı bir karıştırma kabında, krem peyniri ve pudra şekerini pürüzsüz ve kremsi bir kıvam alana kadar çırpın.

ç) Süzülmüş ezilmiş ananası ve iyice birleşene kadar çırpılmış tepeyi ekleyin.

d) Hazırlanan hamurun üzerine dolguyu eşit şekilde yayarak dökün.

e) Cheesecake'i en az 4 saat veya katılaşana kadar buzdolabında saklayın.

f) Bu hafif ve ferahlatıcı pişmeden ananaslı şifon cheesecake'i dilimleyin ve tadını çıkarın!

29.Pişirmesiz Kayısılı Şifon Cheesecake

İÇİNDEKİLER:

- 2 bardak graham kraker kırıntısı
- ½ bardak tuzsuz tereyağı, eritilmiş
- 1 (8 ons) paket krem peynir, yumuşatılmış
- ½ su bardağı pudra şekeri
- 1 çay kaşığı vanilya özü
- 1 bardak ağır krema, çırpılmış
- 1 su bardağı kayısı konservesi
- 1 yemek kaşığı jelatin
- ¼ bardak su

TALİMATLAR:

a) Graham kraker kabuğunu ve krem peynir dolgusunu hazırlamak için önceki tarifteki 1-6 arasındaki adımları izleyin.
b) Mikrodalgaya dayanıklı küçük bir kapta jelatini suyun üzerine serpin ve yumuşaması için 5 dakika bekletin.
c) Jelatin karışımını yaklaşık 20 saniye veya jelatin tamamen eriyene kadar mikrodalgada tutun . Biraz soğumaya bırakın.
ç) Ayrı bir kapta, ağır kremayı yumuşak tepeler oluşuncaya kadar çırpın.
d) Çırpılmış kremayı krem peynir karışımına yavaşça katlayın.
e) Soğuyan jelatin karışımını sürekli katlayarak yavaş yavaş krem peynir karışımına dökün.
f) Kayısı reçelini graham kraker kabuğunun üzerine yayın.
g) Krem peynir karışımını reçellerin üzerine dökün ve eşit şekilde dağıtın.
ğ) Tavayı plastik ambalajla örtün ve en az 4 saat veya gece boyunca buzdolabında bekletin.
h) Ayarlandıktan sonra kelepçeli tavanın kenarlarını çıkarın ve cheesecake'i dilimleyerek servis yapın.

30.Limonlu Şifon Vişneli Cheesecake

İÇİNDEKİLER:
KABUK:
- ¼ bardak graham kraker kırıntısı

DOLGU:
- 3 ons limon jelatin tozu
- ⅔ su bardağı kaynar su
- 1½ su bardağı az yağlı süzme peynir
- 4 ons yağsız krem peynir
- 1 paket krem şanti, hafif

SÜSLEME:
- 1 kutu kirazlı turta dolgusu (20 ons)

TALİMATLAR:
KABUK:
a) Hafifçe püskürtülmüş 9 inçlik bir pasta tabağının altına ve yanlarına graham kraker kırıntılarını serpin.

DOLGU:
b) Jelatini kaynar suda eritin; bir karıştırıcıya dökün.
c) Süzme peynir ve krem peynir ekleyin; kapak.
ç) Gerektiğinde kenarlarını kazıyarak yaklaşık üç dakika karıştırın.
d) Karışımı geniş bir kaseye dökün.
e) Çırpılmış kremayı peynir karışımına katlayın.
f) Yaklaşık 5-6 saat kadar sertleşene kadar soğutun.

SÜSLEME:
g) Cheesecake'in üzerini vişneli pasta dolgusu ile doldurun.
ğ) Enfes Limonlu Şifon Vişneli Cheesecake'inizin tadını çıkarın!

31.Yaban Mersinli Şifon Cheesecake

İÇİNDEKİLER:
- 1 1/2 bardak graham kraker kırıntısı
- 1/4 su bardağı toz şeker
- 1/2 su bardağı tuzsuz tereyağı, eritilmiş
- 1 zarf aromasız jelatin
- 1/4 su bardağı soğuk su
- 1 su bardağı taze veya dondurulmuş yaban mersini
- 16 ons krem peynir, yumuşatılmış
- 1/2 su bardağı pudra şekeri
- 1 çay kaşığı vanilya özü
- 1 bardak ağır krema, çırpılmış

TALİMATLAR:
a) Bir kapta graham kraker kırıntılarını, toz şekeri ve eritilmiş tereyağını birleşene kadar karıştırın. Karışımı 9 inçlik yaylı tavanın tabanına bastırın. Doldurmayı hazırlarken buzdolabında soğutun.
b) Küçük bir tencerede jelatini soğuk suya serpin ve 1 dakika bekletin. Düşük ateşte ısıtın, jelatin tamamen eriyene kadar karıştırın. Ateşten alın ve biraz soğumasını bekleyin.
c) Bir blender veya mutfak robotunda yaban mersinlerini pürüzsüz hale gelinceye kadar püre haline getirin. Tohumları çıkarmak için püreyi ince gözenekli bir elek ile süzün.
ç) Bir karıştırma kabında krem peyniri pürüzsüz olana kadar çırpın. Pudra şekeri ve vanilya özütünü ekleyin ve iyice birleşene kadar karıştırın.
d) Yavaş yavaş yaban mersini püresini krem peynir karışımına ekleyin ve pürüzsüz hale gelinceye kadar çırpın.
e) İyice birleşene kadar çırpılmış kremayı katlayın.
f) Jelatin karışımını yavaş yavaş yaban mersini karışımına dökün ve birleşene kadar sürekli karıştırın.
g) Hazırlanan hamurun üzerine dolguyu dökün ve eşit şekilde dağıtın. Buzdolabında en az 4 saat veya katılaşana kadar soğutun.
ğ) Ayarlandıktan sonra cheesecake'i kelepçeli kalıptan dikkatlice çıkarın. Soğuyunca servis yapın ve istenirse taze yaban mersini ile süsleyin.

32.Ananaslı Şifon Cheesecake

İÇİNDEKİLER:
KABUK:
- 1 bardak Graham kırıntısı
- 1 yemek kaşığı Küvet margarini
- 1 yemek kaşığı Hafif mısır şurubu
- ½ yemek kaşığı Su

DOLGU:
- ¼ bardak Soğuk su
- ¼ fincan Hazır NF kuru süt
- 20 ons Konserve ezilmiş ananas, süzülmemiş
- 1 paket PLUS 1 çay kaşığı Aromasız jelatin
- ¾ fincan ARTIK 2 yemek kaşığı Şeker
- 3 yemek kaşığı Limon suyu
- 1½ çay kaşığı Vanilya
- ¾ çay kaşığı İnce rendelenmiş limon kabuğu rendesi
- 6 ons LF krem peynir, küp şeklinde, oda sıcaklığında.
- ¾ fincan NF sade yoğurt

TALİMATLAR:
a) Bir mutfak robotunda, graham kırıntılarını ve margarini birleştirin ve hafifçe vurarak karıştırın.

b) Küçük bir kapta mısır şurubu ve suyu iyice karışana kadar karıştırın. Kırıntıların üzerine dökün ve iyice karışıp bir arada kalana kadar tekrar nabızlayın (Çok kuruysa birkaç damla su ekleyin). Püskürtülmüş 9" yaylı tavanın tabanına bastırın ve sert ve hafif kahverengiye dönene kadar 350F'ta 7-10 dakika pişirin. Bir raf üzerinde soğutun.

c) Küçük bir kapta suyu yavaş yavaş kuru sütle pürüzsüz hale gelinceye kadar çırpın. Donana kadar 40-50 dakika dondurucuda soğutun, ancak tamamen sertleşmeyin (karışım sert bir şekilde donarsa, bir kaşıkla parçalayın ve biraz yumuşayana kadar bir kenara koyun).

ç) Ananastaki sıvıyı küçük bir tencereye boşaltın ve ananası saklayın. Jelatini meyve suyunun üzerine serpin. 5 dakika veya yumuşayana kadar bekletin. Orta ateşte yerleştirin ve karışım sıcak olana ve jelatin eriyene kadar sürekli karıştırın. Dibe çökmesini önlemek için ara sıra karıştırarak bir kenara koyun .

d) Şekeri, limon suyunu, vanilyayı ve kabuğu rendesini mutfak robotunda birleştirin ve iyice karışana kadar işleyin . Makine çalışırken krem peyniri ekleyin ve pürüzsüz hale gelinceye kadar karıştırın. Ananası karıştırın ve bir kenara koyun.

e) Dondurulmuş sütü geniş bir karıştırma kabına aktarın. Mikserin yüksek ayarında 5-7 dakika yumuşak zirvelere kadar çırpın. (Sabırlı ol)

f) Yoğurdu jelatin karışımına pürüzsüz hale gelinceye kadar karıştırın. Hemen çırpılmış sütü ekleyin ve 2 dakika daha çırpmaya devam edin. Krem peynir karışımını sadece karışana ve pürüzsüz hale gelinceye kadar çırpın.

g) Kabuğun içine dökün ve yüzeyi düzeltin. En az 1 saat buzdolabında bekletin.

ğ) Ananas Sırıyla gezdirin.

33.Portakallı Şifon Cheesecake

İÇİNDEKİLER:

KABUK:
- 2 bardak Graham kraker kırıntısı
- 1 çubuk (½ bardak) diyet çubuğu margarin, eritilmiş

PORTAKAL DOLGU:
- 1 su bardağı portakal suyu
- 1 zarf aromasız jelatin
- 12 ons Düşük kalorili krem peynir (Neufchâtel), yumuşatılmış
- 1 bardak Yarı yağsız ricotta peyniri
- 12 paket Eşit Tatlandırıcı
- 1 paket Düşük kalorili çırpılmış sos karışımı
- ½ su bardağı yağsız süt
- 2 orta boy portakal, soyulmuş, çekirdekleri çıkarılmış ve doğranmış (yaklaşık 1 bardak doğranmış portakal dilimleri)
- 1 portakal, soyulmuş ve süslemek için dilimlenmiş (istenirse)

TALİMATLAR:

KABUK:

a) Yapışmaz sebze spreyi ile 9 inçlik yaylı bir tavaya püskürtün.
b) Kabuk malzemelerini iyice karıştırın ve tavanın tabanına ve kenarlarına kadar bastırın.
c) Önceden ısıtılmış 350 derecelik fırında 8 ila 10 dakika veya sertleşene kadar pişirin. Serin.

PORTAKAL DOLGU:

ç) Portakal suyunu küçük bir tencereye dökün. Jelatini portakal suyunun üzerine serpin ve 1 dakika yumuşamasını bekleyin.
d) Jelatin eriyene kadar (yaklaşık 3 dakika) sürekli karıştırarak ısıtın.
e) Krem peyniri ve ricotta peynirini geniş bir kapta pürüzsüz hale gelinceye kadar karıştırın.
f) Su yerine süt kullanarak, paketin talimatlarına göre çırpılmış sos hazırlayın.
g) Çırpılmış tepeyi peynir karışımına katlayın.
ğ) Doğranmış portakalları karıştırın.
h) Hazırladığınız harcı kaşıkla dökün ve eşit şekilde yayın.
ı) 6 saat veya gece boyunca soğutun.
i) İstenirse turuncu dilimlerle süsleyin.
j) Lezzetli Portakallı Şifon Cheesecake'inizin tadını çıkarın!

34.Tutku meyveli şifon cheesecake

İÇİNDEKİLER:
TABAN İÇİN:
- 1 su bardağı Bisküvi Kırıntısı (İskoç parmak bisküvisi tavsiye edilir)
- ¼ bardak Hindistan Cevizi
- 80 gr Tereyağı, eritilmiş

PEYNİRLİ KEK İÇİN:
- 500 gr Krem Peynir, yumuşatılmış
- ½ su bardağı Pudra Şekeri
- 3 çay kaşığı Jelatin
- ¼ bardak Kaynar Su
- 225 gr Beyaz Çikolata Bitleri
- ½ bardak Çarkıfelek Meyvesi Posası
- 2 limonun lezzeti
- 300 ml Yoğunlaştırılmış Krem
- 4 Yumurta Beyazı
- ¼ bardak Pudra Şekeri
- ¼ bardak Çarkıfelek Meyvesi Posası (üzerine serpmek için ekstra)
- 300 ml Yoğunlaştırılmış Krem
- 2 yemek kaşığı Pudra Şekeri

TALİMATLAR:
a) Mutfak robotu kullanarak tatlı bisküvileri işleyerek 1 su bardağı bisküvi kırıntısı oluşturun.

b) 20 cm'lik (8 inç) yuvarlak yaylı bir fırın tepsisini yağlayın ve pişirme kağıdıyla kaplayın.

c) Büyük bir kapta bisküvi kırıntılarını, hindistan cevizini ve eritilmiş tereyağını birleştirin. İyice karıştırın.

ç) Bisküvi kırıntılarını fırın tepsisinin tabanına dökün, eşit şekilde bastırın ve soğuması için buzdolabında saklayın.

d) Ayrı bir kapta 300 ml koyulaştırılmış kremayı yumuşak zirveler oluşuncaya kadar çırpın. Bir kenara koyun.

e) Yumurta aklarını küçük bir kasede yumuşak zirveler oluşuncaya kadar çırpın. Bir kenara koyun.

f) Beyaz çikolatayı, kaynayan su dolu bir tencerenin üzerinde bir kasede eritin. Pürüzsüz ve tamamen eriyene kadar karıştırın. Isıdan çıkarın ve hafifçe soğumaya bırakın.

g) Başka bir büyük kapta, krem peynir ve şekeri elektrikli bir karıştırıcı kullanarak pürüzsüz hale gelinceye kadar çırpın.
ğ) Jelatini kaynar suda eritin ve beyaz çikolata ve limon kabuğu rendesi ile birlikte krem peynir karışımına ekleyin. Birleştirmek için yavaşça çırpın.
h) Çarkıfelek meyvesi posasını ekleyin ve yavaşça karıştırın.
ı) Çırpılmış kremayı ve ardından çırpılmış yumurta aklarını katlayın.
i) Karışımı fırın tepsisindeki bisküvi tabanının üzerine dökün.
j) Buzdolabına koyun ve en az 3 saat (tercihen daha uzun) bekletin.
k) küçük bir tencerede ¼ fincan çarkıfelek meyvesi posasını pudra şekeri ile ısıtarak bir sır hazırlayın. Yaklaşık 5 dakika koyulaşana kadar pişirin. Serin.
l) 300 ml koyulaştırılmış kremayı ve 2 yemek kaşığı pudra şekerini sert zirveler oluşuncaya kadar çırpın.
m) Çırpılmış kremayı cheesecake'in üzerine sıkın ve üzerine çarkıfelek meyvesi sırını gezdirin.
n) Servis yapmadan önce soğuması için buzdolabına dönün.

35. Mango Şifon Cheesecake

İÇİNDEKİLER:
- 1 1/2 bardak graham kraker kırıntısı
- 1/4 su bardağı toz şeker
- 1/2 su bardağı tuzsuz tereyağı, eritilmiş
- 1 zarf aromasız jelatin
- 1/4 su bardağı soğuk su
- 1 bardak mango püresi
- 16 ons krem peynir, yumuşatılmış
- 1/2 su bardağı pudra şekeri
- 1 çay kaşığı vanilya özü
- 1 bardak ağır krema, çırpılmış

TALİMATLAR:
a) Bir kapta graham kraker kırıntılarını, toz şekeri ve eritilmiş tereyağını birleşene kadar karıştırın. Karışımı 9 inçlik yaylı tavanın tabanına bastırın. Doldurmayı hazırlarken buzdolabında soğutun.
b) Küçük bir tencerede jelatini soğuk suya serpin ve 1 dakika bekletin. Düşük ateşte ısıtın, jelatin tamamen eriyene kadar karıştırın. Ateşten alın ve biraz soğumasını bekleyin.
c) Bir karıştırma kabında krem peyniri pürüzsüz olana kadar çırpın. Pudra şekeri ve vanilya özütünü ekleyin ve iyice birleşene kadar karıştırın.
ç) Yavaş yavaş mango püresini krem peynir karışımına ekleyin ve pürüzsüz hale gelinceye kadar çırpın.
d) İyice birleşene kadar çırpılmış kremayı katlayın.
e) Jelatin karışımını yavaş yavaş mango karışımına dökün ve birleşene kadar sürekli karıştırın.
f) Hazırlanan hamurun üzerine dolguyu dökün ve eşit şekilde dağıtın. Buzdolabında en az 4 saat veya katılaşana kadar soğutun.
g) Ayarlandıktan sonra cheesecake'i kelepçeli kalıptan dikkatlice çıkarın. Soğutulmuş olarak servis yapın ve istenirse taze mango dilimleriyle süsleyin.

36.Ahududu Şifon Cheesecake

İÇİNDEKİLER:
- 1 1/2 bardak graham kraker kırıntısı
- 1/4 su bardağı toz şeker
- 1/2 su bardağı tuzsuz tereyağı, eritilmiş
- 1 zarf aromasız jelatin
- 1/4 su bardağı soğuk su
- 1 su bardağı taze veya dondurulmuş ahududu
- 16 ons krem peynir, yumuşatılmış
- 1/2 su bardağı pudra şekeri
- 1 çay kaşığı vanilya özü
- 1 bardak ağır krema, çırpılmış

TALİMATLAR:
a) Bir kapta graham kraker kırıntılarını, toz şekeri ve eritilmiş tereyağını birleşene kadar karıştırın. Karışımı 9 inçlik yaylı tavanın tabanına bastırın. Doldurmayı hazırlarken buzdolabında soğutun.
b) Küçük bir tencerede jelatini soğuk suya serpin ve 1 dakika bekletin. Düşük ateşte ısıtın, jelatin tamamen eriyene kadar karıştırın. Ateşten alın ve biraz soğumasını bekleyin.
c) Ahududuları bir blender veya mutfak robotunda pürüzsüz hale gelinceye kadar püre haline getirin. Tohumları çıkarmak için püreyi ince gözenekli bir elek ile süzün.
ç) Bir karıştırma kabında krem peyniri pürüzsüz olana kadar çırpın. Pudra şekeri ve vanilya özütünü ekleyin ve iyice birleşene kadar karıştırın.
d) Ahududu püresini yavaş yavaş krem peynir karışımına ekleyin ve pürüzsüz hale gelinceye kadar çırpın.
e) İyice birleşene kadar çırpılmış kremayı katlayın.
f) Jelatin karışımını yavaş yavaş ahududu karışımına dökün ve birleşene kadar sürekli karıştırın.
g) Hazırlanan hamurun üzerine dolguyu dökün ve eşit şekilde dağıtın. Buzdolabında en az 4 saat veya katılaşana kadar soğutun.
ğ) Ayarlandıktan sonra cheesecake'i kelepçeli kalıptan dikkatlice çıkarın. Soğuyunca servis yapın ve isteğe göre taze ahududularla süsleyin.

37.Böğürtlenli Şifon Cheesecake

İÇİNDEKİLER:
- 1 1/2 bardak graham kraker kırıntısı
- 1/4 su bardağı toz şeker
- 1/3 bardak tuzsuz tereyağı, eritilmiş
- 1 1/2 su bardağı taze böğürtlen
- 2 yemek kaşığı limon suyu
- 2 çay kaşığı mısır nişastası
- 3 paket (her biri 8 ons) krem peynir, yumuşatılmış
- 1 su bardağı pudra şekeri
- 1 çay kaşığı vanilya özü
- 1 bardak ağır krema, çırpılmış

TALİMATLAR:
a) Fırınınızı 325°F'ye (160°C) önceden ısıtın. 9 inçlik yaylı bir tavayı yağlayın.
b) Bir kapta graham kraker kırıntılarını, toz şekeri ve eritilmiş tereyağını karıştırın. Karışımı hazırlanan tavanın tabanına bastırın.
c) Küçük bir tencerede böğürtlen, limon suyu ve mısır nişastasını birleştirin. Orta ateşte sürekli karıştırarak koyulaşana kadar pişirin. Isıdan çıkarın ve soğumaya bırakın.
ç) Büyük bir karıştırma kabında krem peyniri, pudra şekerini ve vanilya özünü pürüzsüz hale gelinceye kadar çırpın.
d) İyice birleşene kadar çırpılmış kremayı yavaşça katlayın.
e) Hazırlanan hamurun üzerine krem peynir karışımının yarısını yayın.
f) Böğürtlen karışımının yarısını krem peynir tabakasının üzerine dökün ve bir bıçakla çevirin.
g) Kalan krem peynir karışımı ve böğürtlen karışımıyla aynı işlemi tekrarlayın.
ğ) 45-50 dakika veya ortası sertleşene kadar pişirin.
h) Cheesecake'i tel ızgara üzerinde tavada soğumaya bırakın. Servis yapmadan önce en az 4 saat veya bir gece buzdolabında bekletin.

38.Matcha Şifon Cheesecake

İÇİNDEKİLER:
ŞİFON KEK İÇİN:
- 4 büyük yumurta, ayrılmış
- 1/4 su bardağı toz şeker
- 1/4 su bardağı bitkisel yağ
- 1/4 su bardağı süt
- 1 çay kaşığı vanilya özü
- 1 su bardağı kek unu
- 1 yemek kaşığı matcha tozu
- 1 çay kaşığı kabartma tozu
- 1/4 çay kaşığı tuz

CHEESECAKE DOLGUSU İÇİN:
- 8 oz. krem peynir, yumuşatılmış
- 1/2 su bardağı pudra şekeri
- 1 çay kaşığı matcha tozu
- 1 bardak ağır krema, soğutulmuş
- 1 çay kaşığı vanilya özü

TALİMATLAR:
a) Fırınınızı 325°F'ye (160°C) önceden ısıtın. 8 inçlik yuvarlak kek kalıbının tabanını parşömen kağıdıyla yağlayın ve hizalayın.

b) Büyük bir karıştırma kabında yumurta sarılarını 2 yemek kaşığı şekerle krema kıvamına gelinceye kadar çırpın. Bitkisel yağı, sütü ve vanilya özünü ekleyin ve iyice birleşene kadar karıştırın.

c) Kek ununu, matcha tozunu, kabartma tozunu ve tuzu birlikte eleyin. Kuru malzemeleri yavaş yavaş yumurta sarısı karışımına ekleyin ve pürüzsüz hale gelinceye kadar karıştırın.

ç) Ayrı bir temiz kapta yumurta aklarını köpürene kadar çırpın. Kalan 2 yemek kaşığı şekeri yavaş yavaş ekleyin ve sert zirveler oluşana kadar çırpmaya devam edin.

d) Çırpılmış yumurta aklarını, hiç iz kalmayıncaya kadar yavaşça hamurun içine katlayın.

e) Hazırladığınız kek kalıbına hamuru dökün ve üzerini düzeltin. Önceden ısıtılmış fırında 30-35 dakika veya ortasına batırdığınız kürdan temiz çıkana kadar pişirin.

f) Pastayı fırından çıkarın ve tel ızgara üzerinde tavada tamamen soğumasını bekleyin.
g) Kek soğurken cheesecake dolgusunu hazırlayın. Bir karıştırma kabında yumuşatılmış krem peyniri pürüzsüz hale gelinceye kadar çırpın. Pudra şekeri ve matcha tozunu ekleyin ve iyice birleşip kremsi hale gelinceye kadar çırpın.
ğ) Başka bir kapta, soğutulmuş ağır kremayı vanilya özüyle sert zirveler oluşana kadar çırpın.
h) Çırpılmış kremayı, pürüzsüz ve iyice birleşene kadar krem peynir karışımına yavaşça katlayın.
ı) Şifon kek tamamen soğuduktan sonra dikkatlice yatay olarak iki kat halinde dilimleyin.
i) Servis tabağına veya kek standına bir kat şifon kek yerleştirin. Matcha cheesecake dolgusunun büyük bir kısmını kek tabakasının üzerine yayın.
j) Şifon kekin ikinci katını dolgunun üzerine yerleştirin. Kalan matcha cheesecake dolgusunu pastanın üstüne ve yanlarına sürün.
k) Pastayı en az 4 saat veya katılaşana kadar buzdolabında saklayın.
l) Servis yapmadan önce, isterseniz dekorasyon için pastanın üstünü ilave matcha tozu ile tozlayabilirsiniz.
m) Soğuyan matcha şifon cheesecake'i dilimleyip servis edin. Eğlence!

39.Zencefil Armut Şifon Cheesecake

İÇİNDEKİLER:
ŞİFON KEK İÇİN:
- 4 büyük yumurta, ayrılmış
- 1/4 su bardağı toz şeker
- 1/4 su bardağı bitkisel yağ
- 1/4 su bardağı süt
- 1 çay kaşığı vanilya özü
- 1 su bardağı kek unu
- 1 çay kaşığı öğütülmüş zencefil
- 1 çay kaşığı kabartma tozu
- 1/4 çay kaşığı tuz

CHEESECAKE DOLGUSU İÇİN:
- 8 oz. krem peynir, yumuşatılmış
- 1/2 su bardağı pudra şekeri
- 1/2 çay kaşığı öğütülmüş zencefil
- 1 çay kaşığı vanilya özü
- 1 bardak ağır krema, soğutulmuş

Armut üzeri için:
- 2 adet olgun armut, soyulmuş, çekirdeği çıkarılmış ve dilimlenmiş
- 2 yemek kaşığı tuzsuz tereyağı
- 2 yemek kaşığı esmer şeker
- 1 çay kaşığı öğütülmüş tarçın
- 1/2 çay kaşığı öğütülmüş zencefil
- 1/4 su bardağı su

TALİMATLAR:
a) Fırınınızı 325°F'ye (160°C) önceden ısıtın. 8 inçlik yuvarlak kek kalıbının tabanını parşömen kağıdıyla yağlayın ve hizalayın.

b) Büyük bir karıştırma kabında yumurta sarılarını 2 yemek kaşığı şekerle krema kıvamına gelinceye kadar çırpın. Bitkisel yağı, sütü ve vanilya özünü ekleyin ve iyice birleşene kadar karıştırın.

c) Kek ununu, öğütülmüş zencefili, kabartma tozunu ve tuzu birlikte eleyin. Kuru malzemeleri yavaş yavaş yumurta sarısı karışımına ekleyin ve pürüzsüz hale gelinceye kadar karıştırın.

ç) Ayrı bir temiz kapta yumurta aklarını köpürene kadar çırpın. Kalan 2 yemek kaşığı şekeri yavaş yavaş ekleyin ve sert zirveler oluşana kadar çırpmaya devam edin.

d) Çırpılmış yumurta aklarını, hiç iz kalmayıncaya kadar yavaşça hamurun içine katlayın.
e) Hazırladığınız kek kalıbına hamuru dökün ve üzerini düzeltin. Önceden ısıtılmış fırında 30-35 dakika veya ortasına batırdığınız kürdan temiz çıkana kadar pişirin.
f) Pastayı fırından çıkarın ve tel ızgara üzerinde tavada tamamen soğumasını bekleyin.
g) Kek soğurken cheesecake dolgusunu hazırlayın. Bir karıştırma kabında yumuşatılmış krem peyniri pürüzsüz hale gelinceye kadar çırpın. Pudra şekeri, öğütülmüş zencefil ve vanilya özütünü ekleyin ve iyice birleşip kremsi hale gelinceye kadar çırpın.
ğ) Başka bir kapta, soğutulmuş ağır kremayı sert tepeler oluşana kadar çırpın. Çırpılmış kremayı, pürüzsüz ve iyice birleşene kadar krem peynir karışımına yavaşça katlayın.
h) Şifon kek tamamen soğuduktan sonra dikkatlice yatay olarak iki kat halinde dilimleyin.
ı) Servis tabağına veya kek standına bir kat şifon kek yerleştirin. Kek tabakasının üzerine bol miktarda zencefilli cheesecake dolgusunu yayın.
i) Şifon kekin ikinci katını dolgunun üzerine yerleştirin. Kalan zencefilli cheesecake dolgusunu pastanın üstüne ve yanlarına sürün.
j) Armut sosunu hazırlamak için tereyağını orta ateşte tavada eritin. Dilimlenmiş armutları, esmer şekeri, öğütülmüş tarçını, öğütülmüş zencefili ve suyu ekleyin. Armutlar yumuşayıp karamelize olana kadar ara sıra karıştırarak yaklaşık 5-7 dakika pişirin. Isıdan çıkarın ve hafifçe soğumasını bekleyin.
k) Cheesecake'in üzerine karamelize armut sosunu kaşıkla dökün.
l) Cheesecake'i en az 4 saat veya katılaşana kadar buzdolabında saklayın.
m) Servis yapmadan önce cheesecake'in üstünü isterseniz taze armut dilimleri ile süsleyebilirsiniz.
n) zencefilli armutlu şifon cheesecake'i dilimleyip servis edin . Baharatlı zencefil, tatlı armut ve kremalı cheesecake dolgusunun lezzetli kombinasyonunun tadını çıkarın!

40.Karamelize Muzlu Şifon Cheesecake

İÇİNDEKİLER:

ŞİFON KEK İÇİN:
- 4 büyük yumurta, ayrılmış
- 1/4 su bardağı toz şeker
- 1/4 su bardağı bitkisel yağ
- 1/4 su bardağı süt
- 1 çay kaşığı vanilya özü
- 1 su bardağı kek unu
- 1 çay kaşığı kabartma tozu
- 1/4 çay kaşığı tuz

CHEESECAKE DOLGUSU İÇİN:
- 8 oz. krem peynir, yumuşatılmış
- 1/2 su bardağı pudra şekeri
- 1 çay kaşığı vanilya özü
- 1 bardak ağır krema, soğutulmuş

KARAMELİZE MUZ ÜSTÜ İÇİN:
- 2 adet olgun muz, dilimlenmiş
- 2 yemek kaşığı tuzsuz tereyağı
- 1/4 su bardağı esmer şeker
- 1/4 çay kaşığı öğütülmüş tarçın
- 1/4 bardak ağır krema

TALİMATLAR:

a) Fırınınızı 325°F'ye (160°C) önceden ısıtın. 8 inçlik yuvarlak kek kalıbının tabanını parşömen kağıdıyla yağlayın ve hizalayın.

b) Büyük bir karıştırma kabında yumurta sarılarını 2 yemek kaşığı şekerle krema kıvamına gelinceye kadar çırpın. Bitkisel yağı, sütü ve vanilya özünü ekleyin ve iyice birleşene kadar karıştırın.

c) Kek ununu, kabartma tozunu ve tuzu birlikte eleyin. Kuru malzemeleri yavaş yavaş yumurta sarısı karışımına ekleyin ve pürüzsüz hale gelinceye kadar karıştırın.

ç) Ayrı bir temiz kapta yumurta aklarını köpürene kadar çırpın. Kalan 2 yemek kaşığı şekeri yavaş yavaş ekleyin ve sert zirveler oluşana kadar çırpmaya devam edin.

d) Çırpılmış yumurta aklarını, hiç iz kalmayıncaya kadar yavaşça hamurun içine katlayın.

e) Hazırladığınız kek kalıbına hamuru dökün ve üzerini düzeltin. Önceden ısıtılmış fırında 30-35 dakika veya ortasına batırdığınız kürdan temiz çıkana kadar pişirin.
f) Pastayı fırından çıkarın ve tel ızgara üzerinde tavada tamamen soğumasını bekleyin.
g) Kek soğurken cheesecake dolgusunu hazırlayın. Bir karıştırma kabında yumuşatılmış krem peyniri pürüzsüz hale gelinceye kadar çırpın. Pudra şekeri ve vanilya özünü ekleyin ve iyice birleşip kremsi hale gelinceye kadar çırpın.
ğ) Başka bir kapta, soğutulmuş ağır kremayı sert tepeler oluşana kadar çırpın. Çırpılmış kremayı, pürüzsüz ve iyice birleşene kadar krem peynir karışımına yavaşça katlayın.
h) Şifon kek tamamen soğuduktan sonra dikkatlice yatay olarak iki kat halinde dilimleyin.
ı) Servis tabağına veya kek standına bir kat şifon kek yerleştirin. Kek tabakasının üzerine bol miktarda cheesecake dolgusunu yayın.
i) Şifon kekin ikinci katını dolgunun üzerine yerleştirin. Kalan cheesecake dolgusunu kekin üstüne ve yanlarına sürün.
j) Karamelize muzlu sos hazırlamak için tereyağını tavada orta ateşte eritin. Dilimlenmiş muzları, esmer şekeri ve öğütülmüş tarçını ekleyin. Ara sıra karıştırarak, muzlar yumuşayıp karamelize olana kadar yaklaşık 5-7 dakika pişirin . Isıdan çıkarın ve hafifçe soğumasını bekleyin.
k) Ayrı bir küçük tencerede ağır kremayı ılık olana kadar ısıtın. Sıcak kremayı karamelize edilmiş muzların üzerine dökün ve iyice birleşene kadar karıştırın.
l) Karamelize edilmiş muzu cheesecake'in üzerine kaşıkla dökün.
m) Cheesecake'i en az 4 saat veya katılaşana kadar buzdolabında saklayın.
n) Servis yapmadan önce cheesecake'in üstünü isterseniz taze muz dilimleriyle süsleyebilirsiniz.
o) Karamelize edilen muzlu şifon cheesecake'i dilimleyip soğumuş olarak servis edin. Tatlı karamelize muz ve kremalı cheesecake dolgusunun lezzetli kombinasyonunun tadını çıkarın!

ŞİFON KEKLER

41.Yuzu Şifon Kek

İÇİNDEKİLER:

- 3 yumurta akı
- 40 gr ince şeker
- 3 yumurta sarısı
- 10 gr ince şeker
- 20 gr pirinç kepeği/bitkisel yağ
- 40g Yuzu suyu
- 15g Kore Ağaç Kavunu Çayı

TALİMATLAR:

a) 6 inçlik yuvarlak kek kalıbının tabanını parşömen kağıdıyla kaplayın. Yan tarafını yağlamanıza gerek yok.
b) Kek ununu iki kez eleyin. Bir kenara koyun.
c) Citron çayı kabuklarını bit büyüklüğünde kesin. Pirinç kepeği/bitkisel yağ, yuzu suyu ve ağaç kavunu çayını küçük bir kapta birleştirin. Bir kenara koyun.
ç) Ayrı bir karıştırma kabında yumurta sarısını 10 gr ince şekerle krema kıvamına gelinceye kadar çırpın.
d) Karışımı yavaş yavaş ekleyin.
e) Unun aşırı karışmasını önlemek için unu birkaç seferde eleyin ve birleştirin. Örtün ve bir kenara koyun.
f) Ayrı, temiz ve yağsız bir karıştırma kabında yumurta beyazlarını köpürene kadar çırpın, ardından 40 gr şekeri yavaş yavaş eklemeye başlayın. Neredeyse sert zirve aşamasına kadar orta-yüksek hızda çırpın.
g) Son 1 dakikada mikserin hızını düşürün. Bir kenara koyun.
ğ) Bezenin yaklaşık ⅓'ünü ekleyin ve iyice karıştırın.
h) Kalan beze ile birleştirmek için geri dökün. Pürüzsüz bir hamur halinde birleştirmek için katlayın.
ı) Hamuru yağlanmamış 6 inçlik yuvarlak kek kalıbına dökün. Sıkışmış hava kabarcıklarını çıkarmak için tavayı tezgaha vurun.
i) Önceden ısıtılmış 140 derecelik fırında en alt rafta yaklaşık 25-30 dakika kadar pişirin.
j) Kek neredeyse kek kalıbının kenarına ulaşacak kadar yükseldiğinde, yaklaşık 10 ila 15 dakika boyunca sıcaklığı 170 santigrat dereceye yükseltin.

k) 170 santigrat derecede pişirildikten 10 dakika sonra kek, kek kalıbının kenarının üzerine çıkmaya devam etti. 170 derecede piştikten 15 dakika sonra.
l) Fırından çıkarın ve keki tavayla birlikte bir bezin üzerine 3 kez bırakın. Yaklaşık 25 dakika soğuması için kalıbı hemen bir tel ızgaranın üzerine ters çevirin.
m) Sıcak keki, açık bir pirinç pişirme kabının üzerinde duran tel ızgara üzerinde yaklaşık 25 dakika boyunca ters çevirin. Bunun iki kase üzerinde dengelemekten daha kolay olduğunu düşünüyorum.
n) Pastayı kalıptan çıkarın ve tel ızgara üzerinde soğutun.
o) Kesmeden önce pastanın tamamen soğumasını bekleyin.

42.Çikolatalı Şifon Kek

İÇİNDEKİLER:
- 1 ¾ su bardağı çok amaçlı un
- 1 ½ su bardağı toz şeker
- ¾ bardak şekersiz kakao tozu
- 1 ½ çay kaşığı kabartma tozu
- 1 çay kaşığı karbonat
- ½ çay kaşığı tuz
- ½ su bardağı bitkisel yağ
- 7 büyük yumurta, ayrılmış
- 1 bardak su
- 1 çay kaşığı vanilya özü
- ½ çay kaşığı tartar kreması

ÇİKOLATA ŞANTİ KREMA SONU İÇİN:
- 2 su bardağı ağır krema, soğuk
- ½ su bardağı pudra şekeri
- ¼ bardak şekersiz kakao tozu
- 1 çay kaşığı vanilya özü

İSTEĞE BAĞLI GARNİTÜR:
- Çikolata talaşı
- taze orman meyveleri

TALİMATLAR:
ÇİKOLATALI ŞİFON KEK İÇİN:
a) Fırınınızı önceden 170°C'ye (340°F) ısıtın ve 10 inçlik bir tüp tepsisini yağlayın ve unlayın.
b) Büyük bir karıştırma kabında un, toz şeker, kakao tozu, kabartma tozu, kabartma tozu ve tuzu birlikte çırpın.
c) Kuru malzemelerin ortasına bir havuz açın ve bitkisel yağı, yumurta sarısını, suyu ve vanilya özünü ekleyin. Pürüzsüz ve iyice birleşene kadar çırpın.
ç) Ayrı bir kapta, yumurta aklarını ve tartar kremasını elektrikli karıştırıcıyla sert zirveler oluşana kadar çırpın.
d) Çırpılmış yumurta aklarını çikolatalı karışımın içine, fazla karıştırmamaya dikkat ederek, yavaşça katlayın.
e) Hazırladığınız kek kalıbına hamuru dökün ve üzerini spatulayla düzeltin.

f) Önceden ısıtılmış fırında yaklaşık 45-50 dakika veya kekin ortasına batırdığınız kürdan temiz çıkana kadar pişirin.
g) Pastayı fırından çıkarın ve tamamen soğuması için tavayı tel ızgara üzerine ters çevirin. Bu, pastanın yüksekliğini korumasına yardımcı olur ve çökmesini önler.

ÇİKOLATA ŞANTİ KREMA SONU İÇİN:
ğ) Soğutulmuş bir karıştırma kabında, ağır kremayı, pudra şekerini, kakao tozunu ve vanilya ekstraktını sert zirveler oluşana kadar çırpın.
h) Kremayı tereyağ haline getirebileceğinden fazla çırpmamaya dikkat edin.

TOPLANTI:
ı) Çikolatalı şifon kek tamamen soğuduktan sonra, keki gevşetmek için kalıbın kenarlarından bir bıçak geçirin. Tavadan alıp servis tabağına yerleştirin.
i) Pürüzsüz ve eşit bir tabaka oluşturmak için çikolatalı krem şantiyi pastanın üstüne ve yanlarına bir spatula kullanarak yayın.
j) İsteğe bağlı: Ekstra bir zarafet dokunuşu için pastayı çikolata parçacıkları ve taze meyvelerle süsleyin.
k) Çikolatalı şifon pastayı dilimleyin ve servis yapın, hafif ve çikolatalı lezzetinin tadını çıkarın.

43.Dalgona Şifon Kek

İÇİNDEKİLER:
KEK İÇİN:
- 6 büyük yumurta, ayrılmış
- ½ su bardağı toz şeker
- ½ su bardağı bitkisel yağ
- ½ fincan Dalgona kahvesi
- 1 çay kaşığı vanilya özü
- 1 buçuk su bardağı kek unu
- 2 çay kaşığı kabartma tozu
- ¼ çay kaşığı tuz

DALGONA KAHVE ŞANTİ KREMA SONU İÇİN:
- 1 ½ bardak ağır krema, soğutulmuş
- ¼ su bardağı pudra şekeri
- ¼ fincan Dalgona kahvesi
- Kakao tozu (tozunu almak için isteğe bağlı)

TALİMATLAR:
a) Fırınınızı 325°F'ye (165°C) önceden ısıtın. Şifon kek kalıbını yağlayıp unlayın.
b) Büyük bir karıştırma kabında yumurta sarılarını ve şekeri kremsi ve açık sarı olana kadar çırpın.
c) Yumurta sarısı karışımına bitkisel yağı, Dalgona kahvesini ve vanilya özünü ekleyin. İyice karıştırın.
ç) Ayrı bir kapta kek ununu, kabartma tozunu ve tuzu birlikte çırpın.
d) Kuru malzemeleri yavaş yavaş ıslak malzemelere ekleyin ve birleşene kadar karıştırın. Fazla karıştırmamaya dikkat edin.
e) Başka bir temiz kapta yumurta aklarını yumuşak tepecikler oluşuncaya kadar çırpın.
f) Çırpılmış yumurta aklarını iyice birleşene kadar yavaşça hamura katlayın.
g) Hazırlanan şifon kek kalıbına hamuru dökün. Üstünü spatulayla düzeltin.
ğ) Önceden ısıtılmış fırında yaklaşık 45-50 dakika veya kekin ortasına batırdığınız kürdan temiz çıkana kadar pişirin.
h) Kekinizi fırından çıkarın ve çökmemesi için kalıbın içinde ters çevirerek soğumasını bekleyin.

ı) Kek tamamen soğuduktan sonra dikkatlice kalıptan çıkarın.
i) Dalgona kahveli krem şanti için, soğutulmuş ağır kremayı ve pudra şekerini yumuşak zirveler oluşana kadar çırpın. Dalgona kahvesini ekleyin ve sert tepecikler oluşuncaya kadar çırpmaya devam edin.
j) Soğutulmuş şifon keki, kekin üstünü ve yanlarını kaplayacak şekilde Dalgona kahveli çırpılmış kremayla süsleyin.
k) İsteğe bağlı: Daha fazla lezzet ve dekorasyon için pastanın üstünü kakao tozuyla tozlayın.
l) Dalgona Kahveli Şifon Pastayı dilimleyip servis edin. Eğlence!

44. Muzlu Şifon Kek

İÇİNDEKİLER:

- 1 su bardağı Yumurta Beyazı
- ½ çay kaşığı Tartar Kreması
- 2¼ su bardağı Kek Unu
- 1 yemek kaşığı Kabartma Tozu
- 1¼ su bardağı Şeker
- 5 Yumurta Sarısı
- 1 bardak Muz; Püre
- ½ su bardağı sıvı yağ
- 3 yemek kaşığı Burbon
- 1 çay kaşığı Vanilya
- 2 yemek kaşığı Burbon
- 1 yemek kaşığı Süt
- 1½ su bardağı Şekerleme Şekeri; elenmiş
- Çilek (süslemek için)
- Dilimlenmiş Muz (garnitür için)

TALİMATLAR:

a) Fırını önceden 325°F'ye ısıtın. Çıkarılabilir tabanı olan 10 inçlik bir tüp tavası hazırlayın; yağlamayın.

b) Yumurta aklarına tartar kremini ekleyin ve sert zirveler oluşana kadar elektrikli bir karıştırıcıyla çırpın. Aşırıya kaçmamaya dikkat edin.

c) Başka bir kapta un, şeker ve kabartma tozunu iyice karışana kadar karıştırın. Ortasında bir havuz açın ve yumurta sarısını, muz püresini, yağı, burbonlu suyu (⅓ bardak) ve vanilyayı ekleyin.

ç) Malzemeleri kuyucukta elektrikli bir karıştırıcıyla çırpın, kuru malzemeleri kenarlarından başlayarak yavaş yavaş ekleyerek pürüzsüz bir hamur elde edene kadar çırpın.

d) Hamurun ⅓'ünü yumurta beyazlarının üzerine dökün ve hamur ile beyazlar karışana kadar hızlı ama nazikçe karıştırın. Kalan hamurla bu işlemi iki kez tekrarlayın.

e) Kombine hamuru hazırlanan tüp tavasına dökün. Kekin düşmesini önlemek için fırının kapağını açmadan 55 dakika pişirin. Fırın sıcaklığını 350°F'ye yükseltin ve 10-15 dakika daha veya ortasına batırdığınız kürdan temiz çıkana kadar pişirin.

f) Tamamen soğuması için pastayı baş aşağı asın. Soğuduktan sonra keki kalıptan çıkarın.

SIR:

g) Burbon ve sütü kaynama noktasına kadar ısıtın. Şekerleme şekerini eriyene kadar karıştırın.
ğ) Sırları hemen pastanın üstüne ve yanlarına gezdirin.
h) Süslemeden önce pastayı sır soğuyana kadar soğumaya bırakın.
ı) Dilimlenmiş muz ve çileklerle süsleyin.
i) Servis için pastayı uzun tırtıklı bir bıçakla kesin.

45.Şifon Ballı Kek

İÇİNDEKİLER:

- 4 yumurta
- 1 su bardağı Şeker
- 1 su bardağı sıvı yağ
- 1½ su bardağı Bal
- 3 su bardağı Un
- 3 çay kaşığı Kabartma tozu
- ½ çay kaşığı Kabartma tozu
- 1 çay kaşığı Tarçın
- 1 fincan Soğuk kahve

TALİMATLAR:

a) Fırını 350 dereceye kadar önceden ısıtın.
b) Geniş bir kapta yumurtaları iyice çırpın. Şekeri ekleyin ve karışım hafif ve kremsi bir kıvama gelinceye kadar yüksek hızda çırpın.
c) Yumurta karışımına yağ ve bal ekleyin, iyice karışana kadar orta hızda çırpın.
ç) Ayrı bir kapta kuru malzemeleri un, kabartma tozu, kabartma tozu ve tarçını birleştirin.
d) Kuru malzemeleri dönüşümlü olarak soğuk kahveyle birlikte yumurta karışımına ekleyin.
e) Hamuru yağlanmamış 10 inçlik bir tüp tepsisine dökün.
f) 350 derecede 15 dakika pişirin, ardından ısıyı 325 dereceye düşürün ve bir saat daha veya ortasına batırdığınız kürdan temiz çıkana kadar pişirin.
g) Kek pişince ters çevirin ve kalıptan çıkarmadan önce tamamen soğumasını bekleyin.
ğ) Lezzetli Şifon Ballı Kekinizin tadını çıkarın!

46.Ballı ve Raventli Tahinli Şifon Kek

İÇİNDEKİLER:
YANMIŞ BAL
- ½ bardak bal
- ½ çay kaşığı koşer tuzu
- ⅓ fincan soğutulmuş ağır krema

Haşlanmış Ravent
- 3 adet yeşil kakule kabuğu, kırılarak açılmış (isteğe bağlı)
- 1 su bardağı (200 gr) organik şeker kamışı veya toz şeker
- 3 pembe ravent sapı, kesilmiş, yaprakları çıkarılmış, parçalara ayrılmış

KEK VE MONTAJ
- Yapışmaz bitkisel yağ spreyi veya bitkisel yağ
- ½ su bardağı (65 gr) susam
- ½ su bardağı artı 1 çay kaşığı (72 gr) kek unu
- 1 çay kaşığı kabartma tozu
- ½ çay kaşığı koşer tuzu
- 2 büyük yumurta sarısı, oda sıcaklığında
- 2 yemek kaşığı artı ¾ çay kaşığı (35 g) tahin
- 8 yemek kaşığı (100 gr) organik şeker kamışı veya toz şeker, bölünmüş
- 3 büyük yumurta akı, oda sıcaklığında
- ⅛ çay kaşığı krem tartar veya bir miktar sirke veya taze limon suyu
- ⅔ bardak soğutulmuş ağır krema

TALİMATLAR:
YANMIŞ BAL
a) Balı orta boy bir tencerede (bal köpüreceğinden ihtiyacınız olacağını düşündüğünüzden biraz daha büyük) orta ateşte kaynatın ve altın kahverengi ve kızarmış ekmek kokusu alana kadar yaklaşık 2 dakika pişirin .

b) Ateşten alın ve tuzla karıştırın. Kremayı dikkatlice dökün (bu pişirmeyi durdurmaya yardımcı olacaktır). Bal köpürecek ve sıçrayacaktır, bu yüzden dikkatli olun.

c) Homojen oluncaya kadar tahta kaşık veya lastik spatula ile karıştırın. Yanmış bal karışımını soğumaya bırakın ve ardından hava geçirmez bir kaba aktarın.

ç) En az 3 saat soğuyuncaya kadar örtün ve soğutun. Devam edin: Yanmış bal karışımı 3 gün önceden yapılabilir . Soğuk tutun.

Haşlanmış Ravent

d) Kakule (kullanılıyorsa), şekeri ve ¾ bardak suyu orta boy bir tencerede orta-yüksek ateşte kaynatın, şekeri çözmek için karıştırın.

e) Kakule kullanıyorsanız ocaktan alın, üzerini örtün ve demlenmesi için 15 dakika bekletin. Şurubu tekrar orta-yüksek ateşte ayarlayın ve tekrar kaynatın.

f) Raventi ekleyin ve karışım yeniden köpürmeye başlayana kadar pişirin; ateşten alın. Kapağı kapatın ve ravent parçaları yumuşayana kadar , ancak şeklini koruyana kadar 70-80 dakika bekletin. Devam edin: Ravent 1 gün önceden haşlanabilir . Hava geçirmez bir kaba aktarın; örtün ve soğutun.

KEK VE MONTAJ

g) Fırını 350°F'ye önceden ısıtın. Kek kalıbını yapışmaz sprey veya hafif yağ ile hafifçe kaplayın. Altını yuvarlak bir parşömen kağıdıyla hizalayın ve yuvarlak olarak püskürtün veya yağlayın. Susam tohumlarını tavaya dökün ve altını ve yanlarını kaplayacak şekilde tavayı hafifçe sallayıp eğin, fazlalıkları hafifçe vurun. Kek ununu, kabartma tozunu ve tuzu orta boy bir kaseye eleyin.

ğ) Yumurta sarısını, tahini, 6 yemek kaşığı (75 gr) şekeri ve 3 yemek kaşığı oda sıcaklığındaki suyu küçük bir kasede çırpın. Kuru malzemeleri ekleyin ve iyice çırpın; hamuru bir kenara koyun.

h) Yumurta aklarını ve tartar kremasını, çırpma aparatı takılı bir stand mikserin kasesinde, köpüklü kabarcıklar görünene kadar orta hızda, yaklaşık 15 saniye çırpın. Motor çalışırken, kalan 2 yemek kaşığı (25 g) şekeri birer çay kaşığı kadar serpin, her eklemeden sonra 15-20 saniye çırparak daha fazlasını eklemeden önce karıştırın. (Güçlü bir beze oluşturmak için zaman ayırın ve pastanız bunun için size teşekkür edecektir.) Beze parlak ve sert tepecikler oluşana kadar çırpın.

ı) Plastik bir spatula kullanarak bezenin üçte birini ayrılmış hamura ekleyin ve bezenin havasını söndürmemeye dikkat ederek çizgi haline gelinceye kadar katlayın. Kalan bezeyi ikiye bölerek ve son eklemeyi hiçbir çizgi kalmayıncaya kadar karıştırarak iki kez daha tekrarlayın . Hamuru hemen hazırlanan tavaya kazıyın ve eşit şekilde dağıtmak ve kabarcıkların boyutunu eşitlemek için tavayı hafifçe tezgaha vurun.

i) Ortasına yerleştirilen bir test cihazı temiz çıkana ve üst kısmı şişip hafifçe basıldığında geri dönene kadar kek pişirin, 30-35 dakika . Pastayı hemen bir tel ızgara üzerine ters çevirin, parşömen yuvarlakını soyun ve sağ tarafı yukarı bakacak şekilde çevirin.

j) Soğumaya bırakın (soğudukça üst kısmı düzleşecektir). Pastayı bir kek veya başka bir büyük tabağa, susam kabuğu üstte olacak şekilde ters çevirin.

k) Soğutulmuş yanmış bal karışımını ve kremayı, çırpma aparatı takılı bir stand mikserinin temiz kasesinde (orta boy bir kase ve bir çırpma teli de işe yarayacaktır), orta sertlikte zirveler oluşana kadar çırpın. (Bir plaka üzerinde şeklini koruduğu ancak yine de biraz gevşek olduğu mükemmel dolgu tutarlılığını istiyorsunuz.)

l) Servis yapmak için, pastayı tırtıklı bir bıçakla uzun, yumuşak bir testere hareketi kullanarak altı dilime dilimleyin. Bu, pastanın kırıntısının korunmasına yardımcı olacak ve size temiz bir dilim verecektir. Tabakların arasına bölüştürün, tarafı aşağı gelecek şekilde kesin ve yanına birkaç yemek kaşığı dolusu yanık ballı kremayı kaşıklayın.

m) Bir çatal kullanarak 3-4 ravent parçasını şuruptan çıkarın ve pastanın yanına dizin.

n) İstenirse kekin üzerine biraz ravent şurubu gezdirin.

47.Çikolata Parçalı Şifon Kek

İÇİNDEKİLER:

- 2¼ su bardağı Un
- 1 yemek kaşığı Kabartma tozu
- 1 çay kaşığı Tuz
- 1¾ su bardağı Şeker
- ½ su bardağı bitkisel yağ
- ¾ bardak Su
- 5 Yumurta sarısı
- 2 çay kaşığı Vanilya özü
- 7 Yumurta beyazı
- ½ çay kaşığı tartar kreması
- 1 ons (3 kare) şekersiz çikolata, rendelenmiş
- 1 ons (3 kare) şekersiz çikolata
- 3 yemek kaşığı Kısaltma
- 2 su bardağı elenmiş pudra şekeri
- ¼ su bardağı (+1 yemek kaşığı) Süt
- 1 çay kaşığı Vanilya özü

TALİMATLAR:

a) Unu, kabartma tozunu, tuzu ve şekeri birlikte eleyin. Kuru malzemelerin ortasına bir havuz açın.

b) Yağ, su, yumurta sarısı ve vanilyayı ekleyin. Elektrikli mikserle orta hızda 2 dakika çırpın.

c) Ayrı bir kapta, yumurta aklarını ve tartar kremasını sert zirveler oluşana kadar yüksek hızda çırpın.

ç) Yumurta sarısı karışımını, yumurta aklarının tüm yüzeyine ince, sabit bir akış halinde dökün. Beyazları yavaşça yumurta sarısı karışımına katlayın.

d) Rendelenmiş çikolatayı katlayın. Hamuru yağlanmamış 10 inçlik bir tüp kalıbına dökün ve bir spatula ile eşit şekilde yayın.

e) 325°F'de 55 dakika pişirin. Sıcaklığı 350°F'ye yükseltin ve 10 dakika daha veya kek hafifçe dokunulduğunda eski haline dönene kadar pişirin.

f) Fırından çıkarın; Tavayı ters çevirin ve pastayı 40 dakika soğumaya bırakın.

g) Dar bir metal spatula kullanarak keki tavanın kenarlarından gevşetin ve ardından kalıptan çıkarın.

BUZLANMA:

ğ) Çikolatayı ve katı yağı çiftli kazanın tepesinde birleştirin. Suyu kaynatın; Isıyı en aza indirin ve ara sıra karıştırarak çikolata eriyene kadar pişirin.

h) Şeker ekleyin ve pürüzsüz hale gelinceye kadar karıştırın.

ı) Sütü ve kalan malzemeleri ekleyin; Buzlanma yayılma kıvamına gelinceye kadar karıştırın.

i) Kremayı pastanın üstüne ve yanlarına sürün.

j) Çöken Çikolatalı Şifon Pastanızın tadını çıkarın!

48.Limonlu-Haşhaşlı Şifon Kek

İÇİNDEKİLER:
- 2¼ su bardağı Elenmemiş kek unu
- 1¼ su bardağı Şeker
- 3 yemek kaşığı Haşhaş tohumu
- 1 yemek kaşığı Kabartma tozu
- 1 yemek kaşığı ince rendelenmiş limon kabuğu
- ¼ çay kaşığı Tuz
- 8 büyük yumurta akı, oda sıcaklığında
- ½ çay kaşığı tartar kreması
- 4 büyük Yumurta sarısı
- ½ bardak Kanola veya başka bitkisel yağ
- ½ bardak Su
- ¼ bardak Limon suyu
- 1 çay kaşığı Limon özü

TALİMATLAR:

a) Orta boy bir kapta un, 1 su bardağı şeker, haşhaş tohumu, kabartma tozu, limon kabuğu ve tuzu birleştirin. Bir kenara koyun.

b) Fırını 325°F'ye ısıtın. Büyük bir kapta, yüksek hızda elektrikli karıştırıcıyla, yumurta aklarını ve tartar kremasını yumuşak zirveler oluşana kadar çırpın. Sert zirveler oluşana kadar kalan ¼ bardak şekeri yavaş yavaş çırpın. Dövülmüş beyazları bir kenara koyun.

c) Unlu karışımın ortasını havuz gibi açın. Yumurta sarısını, yağı, suyu, limon suyunu ve limon özünü ekleyin; meyilli pürüzsüz hale gelinceye kadar orta hızda bir karıştırıcı ile çırpın. Limon hamurunu, homojen bir şekilde birleşene kadar çırpılmış yumurta aklarına çok yavaşça katlayın.

ç) Hamuru, çıkarılabilir bir tabana sahip, yağlanmamış 10 inçlik bir tüp tepsisine yayın.

d) 65 ila 70 dakika kadar veya pastanın ortasına yakın bir yere yerleştirilen kek test cihazı temiz çıkana kadar pişirin.

e) Tavayı bir huni veya şişenin üzerine ters çevirin ve tamamen soğutun. Pastayı kalıptan çıkarmak için, küçük bir metal spatula kullanarak keki kalıbın etrafından dikkatlice gevşetin . Tavanın kenarını çıkarın. Ortasını ve altını gevşetin ve tavanın altını kekten çıkarın.

f) Pastayı sağ tarafı yukarı bakacak şekilde servis tabağına yerleştirin ; dilimleyip servis yapın.

g) Enfes Limonlu Haşhaş Şifon Pastanızın tadını çıkarın!

49.Earl Grey Şifon Kek

İÇİNDEKİLER:

- 6 büyük yumurta, ayrılmış
- 1/2 su bardağı toz şeker
- 1/4 su bardağı bitkisel yağ
- 1/4 su bardağı süt
- 1 çay kaşığı vanilya özü
- 1/4 fincan güçlü demlenmiş Earl Grey çayı, soğutulmuş
- 1 1/4 su bardağı kek unu
- 1 yemek kaşığı Earl Grey çay yaprakları (isteğe bağlı)
- 1 çay kaşığı kabartma tozu
- 1/4 çay kaşığı tuz

TALİMATLAR:

a) Fırınınızı 325°F'ye (160°C) önceden ısıtın. Şifon kek kalıbını yağlayıp unlayın.

b) Büyük bir karıştırma kabında yumurta sarılarını şekerle krema kıvamına gelinceye kadar çırpın. Bitkisel yağ, süt, vanilya özü ve demlenmiş Earl Grey çayını ekleyin. İyice karıştırın.

c) çay yapraklarını, kabartma tozunu ve tuzu birlikte eleyin. Kuru malzemeleri yavaş yavaş yumurta sarısı karışımına ekleyin ve pürüzsüz hale gelinceye kadar karıştırın.

ç) Ayrı bir temiz kapta yumurta aklarını köpürene kadar çırpın. Yavaş yavaş şekeri ekleyin ve sert tepe noktaları oluşana kadar çırpmaya devam edin.

d) Çırpılmış yumurta aklarını yavaşça hamura tamamen karışana kadar katlayın.

e) Hazırladığınız şifon kek kalıbına hamuru dökün ve üzerini düzeltin.

f) Önceden ısıtılmış fırında 40-45 dakika veya ortasına batırdığınız kürdan temiz çıkana kadar pişirin.

g) Piştikten sonra fırından çıkarın ve tamamen soğuması için tavayı hemen tel ızgara üzerine ters çevirin.

ğ) Soğuduktan sonra pastayı dikkatli bir şekilde kalıptan çıkarın ve üzerine pudra şekeri serpilmiş veya bir parça çırpılmış krema ile dilimlenmiş dilimler halinde servis yapın.

50.Lavanta Şifon Kek

İÇİNDEKİLER:
LAVANTA ŞİFON SÜNGER
- 7 yumurta (oda sıcaklığında)
- 300g şeker
- 100 ml ayçiçek yağı
- 300 gr çok amaçlı un
- 4 çay kaşığı kabartma tozu
- 160 ml tam yağlı süt
- 1 çay kaşığı lavanta özü

İSVİÇRE KREMALI TEREYAĞLI
- 270g şeker
- 65 ml su
- 5 yumurta akı
- 340 gr tereyağı (oda sıcaklığında)
- Birkaç damla lavanta özü
- Gıda boyası (mor + pembe)

TALİMATLAR:
LAVANTA ŞİFON KEK YAPIN

a) Fırını önceden 175°C'ye (375°F) ısıtın.
b) Kek kalıplarını yağlayıp unlayın ve tabanına pişirme kağıdı serin.
c) 6 yumurta sarısını, şekeri ve lavanta özünü elektrikli mikserle rengi açılıp kabarıncaya kadar çırpın.
ç) Karıştırırken yavaş yavaş ayçiçek yağını ekleyin.
d) Ayrı bir kapta 7 yumurta beyazını mikserle kabarıncaya kadar çırpın.
e) Süt ve un arasında geçiş yaparak karışıma ekleyin ve birleşene kadar karıştırın.
f) Daha sonra yumurta aklarını yavaşça hamurun içine katlayın.
g) Hamuru üç kek kalıbına eşit şekilde paylaştırın.
ğ) Pastayı 25 ila 30 dakika pişirin.
h) PSA: Her fırın benzersizdir, dolayısıyla fırınınızın daha kısa veya daha uzun bir pişirme süresi gerektirmesi mümkündür.
ı) Pastanın fırında ne kadar süre kalması gerektiğini değerlendirmek için 20 dakika işaretinde bir kekin içine bir kürdan sokun.
i) Kapları fırınından çıkarın.

j) Her keki, kek kalıbıyla birlikte, pişirme kağıdıyla kaplı bir fırın tepsisine ters çevirin. Bu süngerin batmasını önlemeye yardımcı olacaktır.
k) 20 dakika soğumaya bırakın, ardından kalıplardan çıkarın. Tel ızgara üzerinde soğuyana kadar dinlenmeye bırakın.

LAVANTA İSVİÇRE BEZE TEREYAĞI

l) Şekeri ve suyu bir tencereye alıp kaynatın.
m) Çırpma aparatı takılı bir stand mikserin kasesine 5 yumurta akı ekleyin.
n) Şeker 116°C'ye (240°F) ulaştığında yumurta aklarını sert bir zirveye kadar çırpmaya başlayın.
o) Şeker 121°C'ye (250°F) ulaştığında ocaktan alın ve düşük devirde çırparken yavaş yavaş çırpılmış yumurta aklarına dökün.
ö) Şurupun tamamı eklendikten sonra hızı yükseltin ve karışım ılık hale gelinceye ve beze sert ve kabarık hale gelinceye kadar çırpın.
p) Tereyağını küçük parçalar halinde kesin ve çırpmaya devam ederken azar azar ekleyin. Doku parlak ve pürüzsüz görünecek.
r) Lavanta ekstraktını ekleyin.
s) Beze cıvık veya dağılmış görünüyorsa, dondurucuda birkaç dakika bekletin ve tekrar çırpın.

KEKİN MONTAJI

ş) Bir pasta düzleştirici kullanarak her pastanın üstünü çıkarın. Pastanın orta tabakası olacak alt kısmını çıkarın. 3 katmanın tümü aynı yüksekliğe kadar kesilmelidir.
t) Pasta tepsisini döner tablanın üzerine koyun ve biraz beze ekleyin.
u) Pastanın alt katmanını pasta tahtasının üzerine koyun. Kırıntı tarafı aşağı bakmalıdır.
ü) İstenirse pandispanyayı şeker şurubu ile fırçalayın.
v) Bir spatula yardımıyla bir kat kremayı yayın.
y) İkinci katmanı ekleyin ve yukarıdaki adımı tekrarlayın.
z) Üçüncü ve son katmanı üstüne yerleştirin.
aa) Kekin her yerine, üstüne ve yanlarına ince bir tabaka halinde tereyağlı krema sürün.
bb) 25 dakika kadar buzdolabında bekletin.
cc) Geriye kalan İsviçre bezeli tereyağlı kremanın 1/3'ünü bir kenara ayırın ve leylak rengi elde etmek için gıda boyası ekleyin.

çç) Beyaz ve lila kremalarını sıkma torbasına koyun.
dd) Leylak bezeyi pastanın yan tarafına alttan kek yüksekliğinin yaklaşık yarısına kadar sıkın, ardından pastanın yanına ve üstüne beyaz beze ekleyin.
ee) Bir kazıyıcı kullanarak, tereyağlı kremayı güzel ve eşit bir kat olacak şekilde düzleştirin ve delikleri kapatmak için biraz daha ekleyin. Güzel bir mordan beyaza geçiş elde etmelisiniz.
ff) 20 dakika buzdolabında dinlendirin.

Her bir krema rengini kendi şeritlerinde büyük tutun ve yıldız uçlu uç takılmış daha büyük bir sıkma torbasına kaydırın.

Pastanın her yerine çiçekler sıkın. Üst kısmını çiçeklerle kapladım ve daha sonra yanlara ara sıra çiçekler ekledim.

Birkaç dakika dinlenin ve keyfini çıkarın!

51.Hindistan Cevizli Şifon Kek

İÇİNDEKİLER:

- 6 büyük yumurta, ayrılmış
- 1 su bardağı toz şeker
- 1/4 su bardağı bitkisel yağ
- 1/2 bardak hindistan cevizi sütü
- 1 çay kaşığı vanilya özü
- 1 1/4 su bardağı kek unu
- 1 çay kaşığı kabartma tozu
- 1/4 çay kaşığı tuz
- 1 su bardağı rendelenmiş hindistan cevizi (şekerli veya şekersiz)

TALİMATLAR:

a) Fırınınızı 325°F'ye (160°C) önceden ısıtın. Şifon kek kalıbını yağlayıp unlayın.
b) Büyük bir karıştırma kabında yumurta sarılarını şekerle krema kıvamına gelinceye kadar çırpın. Bitkisel yağ, hindistancevizi sütü ve vanilya özü ekleyin. İyice karıştırın.
c) Kek ununu, kabartma tozunu ve tuzu birlikte eleyin. Kuru malzemeleri yavaş yavaş yumurta sarısı karışımına ekleyin ve pürüzsüz hale gelinceye kadar karıştırın.
ç) Kıyılmış hindistan cevizini eşit şekilde dağıtılıncaya kadar karıştırın.
d) Ayrı bir temiz kapta yumurta aklarını köpürene kadar çırpın. Yavaş yavaş şekeri ekleyin ve sert tepe noktaları oluşana kadar çırpmaya devam edin.
e) Çırpılmış yumurta aklarını yavaşça hamura tamamen karışana kadar katlayın.
f) Hazırladığınız şifon kek kalıbına hamuru dökün ve üzerini düzeltin.
g) Önceden ısıtılmış fırında 40-45 dakika veya ortasına batırdığınız kürdan temiz çıkana kadar pişirin.
ğ) Piştikten sonra fırından çıkarın ve tamamen soğuması için tavayı hemen tel ızgara üzerine ters çevirin.
h) Soğuduktan sonra pastayı dikkatli bir şekilde kalıptan çıkarın ve kızartılmış hindistancevizi pullarıyla veya hindistancevizi sırıyla süslenmiş dilimleri servis edin.

52.Fıstıklı Şifon Kek

İÇİNDEKİLER:

- 6 büyük yumurta, ayrılmış
- 1 su bardağı toz şeker, bölünmüş
- 1/4 su bardağı bitkisel yağ
- 1/4 su bardağı süt
- 1 çay kaşığı vanilya özü
- 1 su bardağı ince çekilmiş Antep fıstığı
- 1 su bardağı kek unu
- 1 çay kaşığı kabartma tozu
- 1/4 çay kaşığı tuz
- Yeşil gıda boyası (isteğe bağlı)

TALİMATLAR:

a) Fırınınızı 325°F'ye (160°C) önceden ısıtın. Şifon kek kalıbını yağlayıp unlayın.
b) Büyük bir karıştırma kabında yumurta sarılarını 1/2 bardak şekerle krema kıvamına gelinceye kadar çırpın. Bitkisel yağ, süt ve vanilya özü ekleyin. İyice karıştırın.
c) İnce çekilmiş antep fıstıklarını ekleyip karıştırın.
ç) Kek ununu, kabartma tozunu ve tuzu birlikte eleyin. Kuru malzemeleri yavaş yavaş yumurta sarısı karışımına ekleyin ve pürüzsüz hale gelinceye kadar karıştırın. Canlı bir renk elde etmek istiyorsanız yeşil gıda boyası ekleyin.
d) Ayrı bir temiz kapta yumurta aklarını köpürene kadar çırpın. Kalan 1/2 bardak şekeri yavaş yavaş ekleyin ve sert tepeler oluşuncaya kadar çırpmaya devam edin.
e) Çırpılmış yumurta aklarını yavaşça hamura tamamen karışana kadar katlayın.
f) Hazırladığınız şifon kek kalıbına hamuru dökün ve üzerini düzeltin.
g) Önceden ısıtılmış fırında 40-45 dakika veya ortasına batırdığınız kürdan temiz çıkana kadar pişirin.
ğ) Piştikten sonra fırından çıkarın ve tamamen soğuması için tavayı hemen tel ızgara üzerine ters çevirin.
h) Soğuduktan sonra pastayı dikkatli bir şekilde kalıptan çıkarın ve üzerine pudra şekeri serpilmiş veya kıyılmış antep fıstığı ile süslenmiş dilimler halinde servis yapın.

ŞİFON DONDURULMUŞ İKLİMLER

53.Kiraz Şifon Tüyü

İÇİNDEKİLER:

- 21 ons Vişneli turta dolgusu; normal veya hafif
- 14 ons Tatlandırılmış yoğunlaştırılmış süt; veya 8 ons sade yoğurt
- 8 ons Soğuk Kırbaç; normal veya hafif
- 14 ons Parça ananas; süzülmüş
- 1 su bardağı minyatür marshmallow

TALİMATLAR:

a) Büyük bir kapta, vişneli pasta dolgusunu, şekerli yoğunlaştırılmış sütü (veya sade yoğurdu) , Cool Whip'i, süzülmüş parça ananas ve minyatür marshmallow'ları birleştirin.
b) Malzemeleri iyice karışana kadar yavaşça karıştırın.
c) Karışımı servis kasesine kaşıkla dökün.
ç) Servis yapmadan önce tatlıyı soğutun.

54. Şifon Buz Kutusu Pastası

İÇİNDEKİLER:

- 2 paket (4 porsiyon) VEYA 1 paket (8 porsiyon) jelatin (Siyah Ahududu, Portakal veya Siyah Kiraz aromalı)
- 2 su bardağı kaynar su
- 1 litre Vanilyalı dondurma
- 12 Ladyfinger, bölünmüş
- Üzerine çırpılmış sos, taze meyve ve nane yaprakları (istenirse süslemek için)

TALİMATLAR:

a) Jelatini kaynar suda tamamen çözün.
b) Vanilyalı dondurmayı kaşık kaşık jelatine ekleyin ve tamamen eriyene kadar karıştırın.
c) Karışımı koyulaşana kadar (tamamen katılaşmamış) soğutun.
ç) Bu arada, kedi parmaklarını yaklaşık 1 inç kadar kesin ve kesilen uçları, 8 inçlik yaylı tavanın yan tarafına aşağı gelecek şekilde yerleştirin. Kedi parmaklarının yuvarlak kenarlarının tavanın dışına baktığından emin olun.
d) Yoğunlaştırılmış jelatin karışımını kaşıkla tavaya dökün.
e) Tatlıyı sertleşene kadar yaklaşık 3 saat soğutun.
f) Yaylı kalıbın yan tarafını çıkarın.
g) İsterseniz çırpılmış tepesi, taze meyve ve nane yapraklarıyla süsleyin.

55.Limonlu Şifon Dondurma

İÇİNDEKİLER:

- ½ su bardağı taze sıkılmış ve süzülmüş limon suyu (yaklaşık 4 limondan)
- 1 su bardağı şeker
- 16 ons ekşi krema
- 1-2 damla isteğe bağlı gıda boyası

İSTEĞE BAĞLI GARNİTÜR:

- Kireç kabuğu rendesi

TALİMATLAR:

a) Şeker tamamen eriyene kadar limon suyunu ve şekeri birlikte karıştırarak başlayın.

b) Ekşi kremayı ve isteğe bağlı gıda boyasını kireç ve şeker karışımına ekleyin. Pürüzsüz ve iyi birleştirilmiş bir karışım elde edilene kadar iyice çırpın veya karıştırın. Alternatif olarak, daha fazla rahatlık için bu, bir mutfak robotu kullanılarak da yapılabilir.

c) Karışımı işlemek için dondurma makinenizin talimatlarını izleyin. Yumuşak dondurmayı işledikten sonra bir tavaya aktarın, üzerini kapatın ve sert bir kıvama gelinceye kadar donmasını bekleyin.

ç) Servis yaparken limonlu şifon dondurmayı, ekstra bir lezzet patlaması için isteğe bağlı limon kabuğu rendesi ile süsleyin.

56.Kireç Rengi Şifon Semifreddo

İÇİNDEKİLER:

- 4 büyük yumurta akı
- 1 su bardağı elenmiş pudra şekeri
- 1 ½ su bardağı krem şanti
- ½ bardak ekşi krema
- 2 yemek kaşığı taze limon suyu
- 2 çay kaşığı ince rendelenmiş limon kabuğu rendesi

TALİMATLAR:

a) Sekiz adet 5 onsluk ramekinleri tamamen plastik ambalajla kaplayın ve ambalajın yanlardan sarkmasını sağlayın. Ramekinleri bir tepsiye yerleştirin ve dondurun.

b) Yumurta aklarını köpürene kadar çırpın. ¼ bardak pudra şekeri ekleyin ve beyazlar sert zirvelere ulaşıncaya kadar çırpmaya devam edin.

c) Başka bir kapta kremayı yumuşak bir tepeye kadar çırpın. Hızı azaltın ve kalan ¾ bardak pudra şekeri, ekşi krema, limon suyu ve limon kabuğu rendesini ekleyin.

ç) Çırpılmış yumurta aklarına büyük bir kaşık dolusu krema karışımını ekleyin ve yavaşça karıştırın. Beyazları iki seferde kremanın içine katlayın.

d) Karışımı hazırlanan ramekinlere dökün, üzerini örtün ve en az dört saat dondurun.

e) Servis yapmak için semifreddoları bir tabağa çevirin ve plastik ambalajı soyun.

57.Limonlu Şifon Şerbeti

İÇİNDEKİLER:

- 1 su bardağı taze limon suyu
- 1 yemek kaşığı limon kabuğu rendesi
- 1 su bardağı toz şeker
- 1/2 su bardağı su
- 1 bardak ağır krema
- 3 büyük yumurta akı
- Bir tutam tuz

TALİMATLAR:

a) Bir tencerede şekeri, suyu, limon suyunu ve limon kabuğu rendesini birleştirin. Orta ateşte ısıtın, şeker tamamen eriyene kadar karıştırın. Isıdan çıkarın ve soğumaya bırakın.

b) Bir karıştırma kabında, ağır kremayı sert zirveler oluşana kadar çırpın. Bir kenara koyun.

c) Başka bir temiz karıştırma kabında yumurta aklarını bir tutam tuzla sert tepecikler oluşuncaya kadar çırpın.

ç) Çırpılmış kremayı iyice birleşene kadar limon karışımına yavaşça katlayın.

d) Daha sonra çırpılmış yumurta aklarını hiç iz kalmayıncaya kadar katlayın.

e) Karışımı dondurucuda güvenli bir kaba dökün, üzerini örtün ve en az 6 saat veya sertleşinceye kadar dondurun.

f) Kaselere veya külahlara dökülen limonlu şifon şerbetini, isteğe göre taze limon dilimleri veya nane yapraklarıyla süsleyerek servis yapın.

58. Ahududu Şifon Dondurulmuş Yoğurt

İÇİNDEKİLER:
- 2 su bardağı taze veya dondurulmuş ahududu
- 1/2 su bardağı toz şeker
- 2 bardak Yunan yoğurdu
- 1 bardak ağır krema
- 3 büyük yumurta akı
- Bir tutam tuz

TALİMATLAR:
a) Ahududuları bir blender veya mutfak robotunda pürüzsüz hale gelinceye kadar püre haline getirin. Tohumları çıkarmak için püreyi ince gözenekli bir elek ile süzün.
b) Bir karıştırma kabında ahududu püresini ve şekeri, şeker eriyene kadar birleştirin .
c) Başka bir karıştırma kabında, ağır kremayı sert tepeler oluşana kadar çırpın. Bir kenara koyun.
ç) Temiz bir karıştırma kabında yumurta aklarını bir tutam tuzla sert tepecikler oluşuncaya kadar çırpın.
d) Yunan yoğurtunu iyice birleşene kadar ahududu karışımına yavaşça katlayın.
e) Daha sonra hiç iz kalmayıncaya kadar çırpılmış kremayı katlayın.
f) Son olarak çırpılmış yumurta aklarını eşit şekilde dağılıncaya kadar katlayın.
g) Karışımı dondurucuda güvenli bir kaba dökün, üzerini örtün ve en az 6 saat veya sertleşinceye kadar dondurun.
ğ) Ahududu şifonlu dondurulmuş yoğurdu kaselere veya külahlara doldurup, taze ahududu veya istenirse biraz ahududu sosuyla süsleyerek servis yapın.

59.Mango Şifon Dondurmalar

İÇİNDEKİLER:

- 2 su bardağı olgun mango parçaları
- 1/2 su bardağı toz şeker
- 1 bardak ağır krema
- 1/2 bardak Yunan yoğurdu
- 2 yemek kaşığı taze limon suyu
- Bir tutam tuz

TALİMATLAR:

a) Bir blender veya mutfak robotunda mango parçalarını pürüzsüz hale gelinceye kadar püre haline getirin.

b) Bir karıştırma kabında mango püresini, şekeri, kremayı, Yunan yoğurdu, limon suyunu ve bir tutam tuzu birleştirin. İyice birleşene kadar karıştırın.

c) Karışımı buzlu şeker kalıplarına dökün, üstte genleşme için biraz boşluk bırakın.

ç) Buzlu şeker çubuklarını kalıplara yerleştirin ve en az 4 saat veya tamamen sertleşene kadar dondurun.

d) Dondurmaları kalıptan çıkarmak için, kalıpların dışına kısaca ılık su akıtın ve kalıpları gevşetin.

e) Mangolu şifon buzlu şekerleri hemen servis edin ve canlandırıcı tropik lezzetin tadını çıkarın!

60.Çilekli Şifon Buzluklu Pasta

İÇİNDEKİLER:

- 1 önceden hazırlanmış graham kraker kabuğu (veya tercih edilirse ev yapımı)
- 2 su bardağı taze çilek, kabuğu soyulmuş ve dilimlenmiş
- 1/4 su bardağı toz şeker
- 1 yemek kaşığı limon suyu
- 1 bardak ağır krema
- 1/2 su bardağı pudra şekeri
- 1 çay kaşığı vanilya özü

TALİMATLAR:

a) Bir karıştırma kabında dilimlenmiş çilekleri, toz şekeri ve limon suyunu birleştirin. Meyve sularının çıkması için yaklaşık 10 dakika bekletin.

b) Ayrı bir karıştırma kabında, ağır kremayı pudra şekeri ve vanilya özüyle sert zirveler oluşana kadar çırpın.

c) Çilek karışımını çırpılmış kremaya eşit şekilde dağılıncaya kadar yavaşça katlayın.

ç) Karışımı hazırlanan graham kraker kabuğunun içine dökün ve eşit şekilde dağıtın.

d) Pastayı plastik ambalajla örtün ve en az 4 saat veya sertleşinceye kadar dondurun.

e) Servis etmeden önce pastanın biraz yumuşaması için oda sıcaklığında birkaç dakika bekletin.

f) Çilekli şifon buzluk pastasını dilimleyip , soğutulmuş olarak servis yapın, istenirse ilave dilimlenmiş çileklerle süsleyin.

61.Yaban Mersinli Şifon Dondurulmuş Muhallebi

İÇİNDEKİLER:

- 2 su bardağı taze veya dondurulmuş yaban mersini
- 1/2 su bardağı toz şeker
- 1 bardak ağır krema
- 1 bardak tam yağlı süt
- 4 büyük yumurta sarısı
- 1 çay kaşığı vanilya özü
- Bir tutam tuz

TALİMATLAR:

a) Bir tencerede yaban mersini ve şekeri birleştirin. Yaban mersini parçalanıp suyunu salana kadar orta ateşte yaklaşık 5-7 dakika pişirin. Isıdan çıkarın ve hafifçe soğumasını bekleyin.

b) Ayrı bir tencerede, kremayı ve sütü buharlaşana kadar fakat kaynatmadan ısıtın.

c) Bir karıştırma kabında yumurta sarılarını pürüzsüz olana kadar çırpın. Sıcak krema karışımını yavaş yavaş yumurta sarılarına dökün ve yumurtaları temperlemek için sürekli çırpın.

ç) Karışımı tekrar tencereye alın ve kısık ateşte sürekli karıştırarak, muhallebi kaşığın arkasını kaplayacak kadar koyulaşana kadar pişirin.

d) Ateşten alın ve muhallebiyi ince gözenekli bir süzgeçten geçirerek temiz bir kaseye süzün. Vanilya ekstraktını ve bir tutam tuzu ekleyip karıştırın.

e) Muhallebinin hafifçe soğumasını bekleyin, ardından pişmiş yaban mersini karışımını eşit şekilde dağılıncaya kadar katlayın.

f) Karışımı bir dondurma makinesine dökün ve üreticinin talimatlarına göre kalın ve kremsi bir kıvama gelinceye kadar çalkalayın.

g) Dondurulmuş muhallebiyi dondurucuya uygun bir kaba aktarın, üzerini kapatın ve en az 4 saat veya sertleşinceye kadar dondurun.

ğ) Kaselere veya külahlara doldurulmuş yaban mersinli şifon donmuş muhallebiyi servis edin ve kremsi, meyveli ikramın tadını çıkarın!

62. Hindistan Cevizli Şifon Dondurmalı Sandviçler

İÇİNDEKİLER:

- 1 porsiyon hindistan cevizli şifon kek (herhangi bir şifon kek tarifini kullanın, normal süt yerine hindistan cevizi sütü kullanın ve kıyılmış hindistan cevizini ekleyin)
- 2 bardak vanilyalı dondurma, yumuşatılmış
- Kıyılmış hindistan cevizi, kızartılmış (isteğe bağlı, garnitür için)

TALİMATLAR:

a) Hindistan cevizi şifon kekini seçtiğiniz tarife göre hazırlayın. Tamamen soğumasını bekleyin.
b) Kek soğuduktan sonra yuvarlak bir kurabiye kalıbı kullanarak kekten daireler kesin.
c) Bir kek çemberinin alt kısmına bir kepçe yumuşatılmış vanilyalı dondurma koyun. Bir sandviç oluşturmak için üstüne başka bir kek çemberi ekleyin.
ç) İstenirse, dondurmalı sandviçin kenarlarını kızartılmış kıyılmış hindistan cevizine bulayın.
d) Kalan kek halkaları ve dondurma ile tekrarlayın.
e) Birleştirilmiş dondurmalı sandviçleri parşömen kağıdıyla kaplı bir fırın tepsisine yerleştirin ve en az 2 saat veya sertleşinceye kadar dondurun.
f) Hindistan cevizi şifonlu dondurmalı sandviçleri soğutulmuş olarak servis edin ve yumuşak kek ile kremalı dondurmanın enfes kombinasyonunun tadını çıkarın!

63.Şeftali Şifon Dondurmalar

İÇİNDEKİLER:

- 2 su bardağı olgun şeftali, soyulmuş ve doğranmış
- 1/4 su bardağı toz şeker
- 1 bardak Yunan yoğurdu
- 1/2 bardak ağır krema
- 1 yemek kaşığı limon suyu

TALİMATLAR:

a) Bir blender veya mutfak robotunda doğranmış şeftalileri pürüzsüz hale gelinceye kadar püre haline getirin.

b) Bir karıştırma kabında şeftali püresini, şekeri, Yunan yoğurtunu, kremayı ve limon suyunu birleştirin. İyice birleşene kadar karıştırın.

c) Karışımı buzlu şeker kalıplarına dökün, üstte genleşme için biraz boşluk bırakın.

ç) Buzlu şeker çubuklarını kalıplara yerleştirin ve en az 4 saat veya tamamen sertleşene kadar dondurun.

d) Dondurmaları kalıptan çıkarmak için, kalıpların dışına kısaca ılık su akıtın ve kalıpları gevşetin.

e) Şeftali şifon buzlu şekerlerini hemen servis edin ve canlandırıcı meyveli lezzetin tadını çıkarın!

TARTLAR

64.Limonlu Şifon Tart

İÇİNDEKİLER:
- 1 fincan çok amaçlı un
- 1 yemek kaşığı rendelenmiş limon kabuğu
- ¼ çay kaşığı Tuz
- 5 yemek kaşığı Tuzsuz tereyağı
- 1½ yemek kaşığı Aromasız jelatin
- 2 yemek kaşığı Soğuk su
- ½ bardak artı 1 yemek kaşığı Şeker
- ¼ bardak Taze limon suyu
- 2 büyük Yumurta, ayrılmış, oda sıcaklığında.
- 2 yemek kaşığı rendelenmiş limon kabuğu
- 3 yemek kaşığı Şeker
- 1 yemek kaşığı Buzlu su
- 1 Yumurta sarısı
- 1 litrelik taze yaban mersini sepeti
- ½ bardak Soğutulmuş krem şanti, zirveye kadar çırpılmış
- Ek taze yaban mersini
- Limon kabuğu jülyen

TALİMATLAR:
KABUK:
a) Unu, limon kabuğunu ve tuzu geniş bir kapta karıştırın. Tereyağı ekleyin ve karışım iri bir öğüne benzeyene kadar kesin.

b) Şeker, su ve yumurta sarısını küçük bir kapta şeker eriyene kadar karıştırın. Un karışımına ekleyin ve hamur bir araya gelmeye başlayıncaya kadar karıştırın.

c) Hamuru hafifçe unlanmış bir yüzeye çevirin. Bir topun içinde toplanın; bir disk halinde düzleştirin. Plastiğe sarın ve en az 1 saat buzdolabında saklayın. (1 gün önceden hazırlanabilir.)

ç) Fırını önceden 400°F'ye ısıtın. Hamuru hafifçe unlanmış bir yüzeyde yarım santim kalınlığında açın. Hamuru, çıkarılabilir tabanı olan 9 inç çapındaki bir tart tavasına aktarın. Kenarları ¼ inçlik bir çıkıntı bırakarak kesin. Tavanın kenarının ¼ inç üzerindeki çıkıntıya bastırın.

d) Turtayı folyo ile kaplayın. Kuru fasulye veya tart ağırlıklarıyla doldurun. 10 dakika pişirin. Kurutulmuş fasulyeleri ve folyoyu çıkarın ve kabuk altın rengi kahverengi olana kadar yaklaşık 20 dakika pişirin. Serin.

DOLGU:

e) Küçük bir kapta jelatini soğuk suyun üzerine serpin. 15 dakika kadar yumuşamasını bekleyin.
f) Kaseyi kaynayan su dolu bir tencereye koyun ve jelatin eriyene kadar karıştırın. Sudan çıkarın.
g) ½ bardak şekeri, limon suyunu, yumurta sarısını ve 2 yemek kaşığı limon kabuğunu çift kazanın üstünde, kaynayan suyun üzerinde, dokunacak kadar sıcak olana kadar yaklaşık 3 dakika karıştırın ; kaynatmayınız.
ğ) Jelatin karışımını ekleyin ve karıştırmak için karıştırın. Bir kaseye aktarın.
h) Kaseyi buz ve suyla dolu daha büyük bir kasenin üzerine yerleştirin ve karışım koyulaşıncaya ve kaşık üzerinde topaklanmaya başlayıncaya kadar yaklaşık 5 dakika karıştırın.
ı) Suyun üstünden çıkarın. Elektrikli bir karıştırıcı kullanarak, beyazları orta boy bir kapta zirveye ulaşana kadar çırpın. Kalan 1 yemek kaşığı şekeri yavaş yavaş ekleyin ve yumuşak zirvelere kadar çırpın. Beyazları kireç karışımına katlayın.
i) Tartın tabanına 1 bardak çilek serpin. Derhal dolguyu meyvelerin üzerine dökün ve üzerini tamamen kaplayın. En az 3 ve 8 saate kadar sertleşene kadar soğutun.
j) Orta yıldız uçlu bir hamur torbasına çırpılmış kremayı kaşıkla koyun. Kremayı tartın kenarına dekoratif olarak sıkın.
k) Turtayı ilave meyveler ve limon kabuğu jülyen ile süsleyin.

65.Muzlu Şifon Tart

İÇİNDEKİLER:

TABAN İÇİN:
- 3 ons tereyağı
- 6 ons zencefilli bisküvi, ezilmiş

DOLGU VE ÜSTÜ İÇİN:
- 1 limonun rendelenmiş kabuğu ve suyu
- 2 çay kaşığı jelatin
- 3 muz, püresi
- 12 ons krem şanti
- 2 ons hint şekeri

TALİMATLAR:

a) Fırını 190 C/375 F/gaza 5 önceden ısıtın. Tereyağını bir tencerede kısık ateşte eritin. Ateşten alıp bisküvi kırıntılarını ekleyip iyice birleşene kadar karıştırın.

b) Bisküvi karışımını 23 cm'lik (9 inç) turta kalıbının tabanına ve yanlarına bastırın. 8 dakika pişirin, ardından tamamen soğumasını bekleyin.

c) Küçük bir tencerede limon suyunu 1 yemek kaşığı soğuk suyla karıştırın. Jelatini karışımın üzerine serpin ve emilmesini sağlayın. Berraklaşana kadar yavaşça ısıtın, ardından ocaktan alın.

ç) Ezilmiş muz ve limon kabuğunu birleştirin. Jelatin karışımını ekleyin ve iyice karıştırın.

d) Yumuşak zirveler oluşana kadar 7 ons kremayı çırpın. Tamamen birleşene kadar yavaş yavaş hint şekerini katlayın.

e) Kremalı karışımı muzlu karışımın içine katlayın ve bisküvi kabuğunun üzerine dökün. 30 dakika veya ayarlanana kadar soğutun.

f) Süslemek için kalan kremayı yumuşak tepecikler oluşuncaya kadar çırpın ve tartın üzerine yayın.

66. Balkabaklı Şifon Tart

İÇİNDEKİLER:
TART KABUK İÇİN:
- 1 Önceden Pişirilmiş 9 "Tart Kabuğu (Tatlı hamur tarifimize göz atın)

KABAK ŞİFON DOLGUSU İÇİN:
- 300 Gram Balkabağı Püresi (kabaklı tart dolgusu kullanmayın) (1 ¼ su bardağı)
- 150 Gram Açık Esmer Şeker (¾ su bardağı)
- 4 adet büyük boy yumurtanın sarısı (beyazlarını daha sonra kullanmak üzere saklayın)
- 4 Sıvı Ons Tam Yağlı Süt (½ bardak)
- ½ çay kaşığı Tuz
- 1 çay kaşığı Öğütülmüş Tarçın
- ¼ çay kaşığı Öğütülmüş Zencefil
- ¼ çay kaşığı Öğütülmüş Hindistan Cevizi
- 1 yemek kaşığı toz jelatin
- 3 yemek kaşığı Soğuk Su (jelatini çözmek için)
- 4 Büyük Yumurta Akı (tercihen oda sıcaklığında)
- 100 Gram Toz Şeker (½ su bardağı)

TALİMATLAR:
a) Toz jelatini soğuk suyun üzerine serpin ve jelatinin sertleşmesine izin vermek için bir kenara koyun.

b) Isıya dayanıklı bir kapta kabak püresi, esmer şeker, süt, yumurta sarısı, tuz, tarçın, zencefil ve hindistan cevizini birleştirin. Birleştirmek için iyice çırpın.

c) Düşük sıcaklıkta buharlamak için bir tencere su ayarlayın. Kaseyi, içinde buhar çıkan su bulunan tavanın üzerine yerleştirin; kabın tabanının suya değmemesine ve suyun kaynamamasına dikkat edin. Balkabağı karışımını ara sıra karıştırın ve 160° F - 180° F'ye ulaşana kadar ısıtın.

ç) Ayarlanan jelatini kaseye ekleyin ve jelatin tamamen eriyene kadar çırpın. Kaseyi ocaktan alın ve hafifçe soğuması için bir kenara koyun.

d) Yumurta aklarını temiz bir kaseye koyun ve el mikseri veya çırpma aparatlı stand mikseri ile karıştırmaya başlayın. Yumurta akları köpük gibi görünene kadar orta hızda karıştırın. Yumurta beyazları orta zirvelere ulaşıncaya kadar karıştırmaya devam ederken yavaş yavaş toz şekeri dökün.

e) Yumurta aklarını soğumuş kabak karışımına yavaşça katlayın.
f) Balkabağı şifonunu önceden pişirilmiş tart kabuğunun içine dökün ve üstünü düzeltin.
g) Tartı soğuyana kadar (yaklaşık 2 saat) buzdolabına koyun.
ğ) İsteğe göre süsleyin (örneğin krem şanti, pudra şekeri vb.). Eğlence!

67.Tutku Meyveli Şifon Tart

İÇİNDEKİLER:
HAMUR:
- 1 su bardağı/140 gr ağartılmamış un
- 3 yemek kaşığı şeker
- ¼ çay kaşığı ince deniz tuzu
- 6 yemek kaşığı/85 gr soğuk tuzsuz tereyağı, ½ inç/12 mm küpler halinde kesilmiş
- 1 büyük yumurta sarısı

DOLGU:
- ½ fincan/120 ml çözülmüş dondurulmuş çarkıfelek meyvesi (maracuya veya parcha) püresi
- 2 çay kaşığı aromasız jelatin
- 2 büyük yumurta, oda sıcaklığında ayrılmış
- ⅓ bardak/65 gr şeker
- ½ bardak / 120 ml krema

SOS:
- ⅔ bardak çözülmüş, dondurulmuş veya taze tohumlu çarkıfelek meyvesi püresi
- 3 yemek kaşığı şeker veya tadı daha fazla
- 1 çay kaşığı mısır nişastası
- 1 yemek kaşığı çarkıfelek meyvesi likörü veya amber rom
- 1 tarif Krem Şanti

TALİMATLAR:
a) Fırını önceden 375°F/190°C'ye ısıtın ve ortasına bir raf yerleştirin.

KABUK:

b) Unu, şekeri ve tuzu bir mutfak robotunda çekin veya bir kasede karıştırın. Soğuk tereyağını ekleyin ve iri bir öğüne benzeyene kadar nabız atın.

c) Yumurta sarısını ekleyin ve hamur topaklaşana kadar nabız atın veya karıştırın. Hamuru, eşit kalınlık sağlayacak şekilde çıkarılabilir tabanı olan 9 inç/23 cm'lik bir tart kalıbına bastırın. Hamuru çatalla delin. 15 dakika dondurun.

ç) Hamuru alüminyum folyo ile kaplayın, tart ağırlıkları veya kuru fasulye ile doldurun ve sertleşene ve kahverengileşene kadar (yaklaşık 15 dakika) pişirin. Folyoyu ve ağırlıkları çıkarın, ardından hafifçe kızarana kadar pişirmeye devam edin (ek 15 dakika). Kabuğun bir tel raf üzerinde tamamen soğumasını bekleyin.

DOLGU:

d) Küçük bir tencerede çarkıfelek meyvesi püresini birleştirin ve üzerine jelatin serpin. Jelatin yumuşayana kadar bekletin (yaklaşık 5 dakika). Düşük ateşte, sürekli karıştırarak sıcak olana, ancak kaynamayan ve jelatin eriyene kadar pişirin. Ateşten alın.

e) Yumurta sarılarını ve şekeri açık sarı ve koyu bir kıvam alana kadar çırpın. Sıcak jelatin karışımını karıştırın. Hafifçe koyulaşana kadar (yaklaşık 5 dakika) buzlu suda soğutun. Buzlu sudan çıkarın.

f) Yumurta aklarını yumuşak zirveler oluşuncaya kadar çırpın. Çarkıfelek meyvesi karışımıyla yavaşça birleştirin. Kremayı sert zirveler oluşana kadar çırpın, ardından çarkıfelek meyvesi karışımına katlayın. Soğuyan tart kalıbının içine dolguyu yayın. Sertleşene kadar buzdolabında saklayın (en az 2 saat veya 24 saate kadar).

SOS:

g) Çarkıfelek meyvesi püresini ve şekeri bir tencerede kaynatın. Tatlılık için tat. Mısır nişastasını likörde eritin ve püreye karıştırın. Koyulaşana kadar kaynatın. Soğuyuncaya kadar soğutun ve buzdolabında saklayın (en az 2 saat veya 1 güne kadar).

ğ) Çırpılmış kremayı ½ inç/12 mm yivli hamur işi ucu olan bir hamur torbasına aktarın. Tart kenarlarına krema sıkın. Tart tepsisinin kenarlarını çıkarın, dilimleyin ve sosla birlikte servis yapın. Eğlence!

68.Şifon Tatlı Patatesli Tart

İÇİNDEKİLER:
KABUĞU İÇİN:
- 8 ons çok amaçlı un
- 2 ons toz / şekerleme şekeri
- Bir tutam tuz
- 4 ons soğutulmuş tereyağı, ½ inç küpler halinde kesilmiş
- ½ ons kısaltma
- 1 büyük yumurta, hafifçe dövülmüş
- ¼ çay kaşığı vanilya özü

DOLGU İÇİN:
- 1 zarf veya 1 yemek kaşığı jelatin
- ½ su bardağı esmer şeker
- ½ çay kaşığı tuz
- ½ çay kaşığı tarçın
- ½ çay kaşığı hindistan cevizi
- ½ çay kaşığı zencefil
- 1 ¼ bardak tatlı patates püresi, mikrodalgada
- 3 yumurta sarısı
- ½ bardak süt

TALİMATLAR:
KABUĞU İÇİN:
a) Bir mutfak robotunda çok amaçlı un, pudra şekeri ve tuzu karıştırıp karıştırın.
b) Soğutulmuş küp küp tereyağını ve katı yağı ekleyin. İnce ekmek kırıntısı benzeri bir doku elde edilene kadar darbe uygulayın.
c) Vanilya ekstraktını çırpılmış yumurtayla birleştirin, ardından robot çalışırken un karışımına ekleyin. Hamur oluştuğu anda durun ; aşırı karıştırmaktan kaçının.
ç) Hamuru çıkarın, plastik ambalajla sarın ve en az 30 dakika buzdolabında saklayın. Tart kalıplarına uyacak şekilde küçük toplar halinde bölün, ardından hamuru tartlet yapmak için kalıplara bastırın.
d) Hamuru çatalla sabitleyin. Tartletleri alüminyum folyo ile örtün ve tart ağırlıkları veya fasulye ile tartın. Önceden ısıtılmış fırında 375°F'de 10 dakika pişirin.

e) Fırından çıkarın, ağırlıkları ve folyoyu çıkarın ve tartletleri 5-8 dakika daha kızarıncaya kadar geri koyun .

DOLGU İÇİN:

f) Jelatini 2 yemek kaşığı su ile kabartın.
g) Süt ve şekeri şeker eriyene kadar ısıtın . Ateşten alın ve iyice karıştırarak yumurta sarılarını ekleyin.
ğ) Jelatini ekleyin ve eriyene ve hamur koyulaşana kadar pişirin. Isıyı kapatın ve ezilmiş tatlı patatesleri ekleyin.
h) Dolguyu büyük yıldız uçlu sıkma torbasına koyun ve pişmiş tartletlerin üzerine sıkın.
ı) Ezilmiş dilimlenmiş badem serpin.
i) Pul pul kabuk ve baharatlı tatlı patates dolgusunun mükemmel karışımıyla bu enfes Şifon Tatlı Patatesli Tartların tadını çıkarın!

69.Kayısılı Şifon Tart

İÇİNDEKİLER:
KABUĞU İÇİN:
- 5 ons kurabiye, kırık (örneğin, Walkers)
- ⅔ bardak bütün çiğ badem
- ¼ bardak şeker
- ½ çay kaşığı kaba tuz
- 4 yemek kaşığı tuzsuz tereyağı, eritilmiş

DOLGU İÇİN:
- 1 ¾ pound taze kayısı (yaklaşık 10), çekirdeği çıkarılmış ve dörde bölünmüş
- ¾ bardak su artı ⅓ bardak soğuk su
- 1 ½ su bardağı şeker
- ½ çay kaşığı kaba tuz
- 2 zarf (4 ½ çay kaşığı) aromalandırılmamış toz jelatin
- 5 büyük yumurta, ayrılmış
- Garnitür için doğranmış çiğ badem

TALİMATLAR:
KABUĞU İÇİN:
a) Fırını 350°F'ye önceden ısıtın.
b) Kurabiyeleri mutfak robotunda kırıntılar oluşana kadar (yaklaşık 1 bardak) çekin.
c) İşlemciye badem, şeker ve tuz ekleyin; bademler iyice öğütülene kadar işlem yapın.
ç) Eritilmiş tereyağını ekleyin ve karışım bir arada kalana kadar işlem yapın.
d) Karışımı, çıkarılabilir bir tabana sahip 9 inçlik yivli bir tart kalıbının tabanına ve yanlarına eşit şekilde bastırın.
e) Sertleşinceye kadar buzdolabında, yaklaşık 15 dakika.
f) Altın kahverengi olana kadar 17 ila 20 dakika pişirin.
g) Tel rafa aktarın ve soğumaya bırakın.

DOLGU İÇİN:
ğ) Bir tencerede kayısıları, ¾ su bardağı suyu, ¾ su bardağı şekeri ve tuzu kaynatın. Kapağı kapatın, ısıyı azaltın ve kayısılar iyice yumuşayana kadar yaklaşık 10 dakika pişirin. Ateşten alıp 20 dakika soğumaya bırakın.

h) Kayısıları ve sıvıyı bir karıştırıcıda püre haline getirin. İnce bir süzgeçten geçirerek bir kaseye süzün (3 bardak püreniz olmalıdır; ½ bardağı ayırın).
ı) Küçük bir kapta kalan ⅓ bardak soğuk suyun üzerine jelatin serpin ve yumuşayana kadar yaklaşık 5 dakika bekletin.
i) 2 ½ bardak kayısı püresini orta boy bir tencerede orta-yüksek ateşte ısıtın. Yumuşatılmış jelatini püre haline getirin ve jelatin eriyene kadar karıştırın.
j) Buzlu su banyosu hazırlayın. Orta boy bir kapta yumurta sarılarını ve yarım bardak şekeri çırpın. Kayısı-jelatin karışımının üçte birini çırpın ve tekrar tavaya dökün.
k) Orta-yüksek ateşte, sürekli karıştırarak koyulaşana kadar 2 ila 3 dakika pişirin. Buzlu su banyosuna yerleştirilmiş bir kaseye bir süzgeçten dökün. Jelleşmeye başlayana kadar yaklaşık 5 dakika çırpın.
l) Ayrı bir kapta yumurta aklarını yumuşak tepecikler oluşuncaya kadar çırpın. Kalan ¼ bardak şekeri yavaş yavaş ekleyin ve sert zirveler oluşuncaya kadar yaklaşık 2 dakika çırpın.
m) Beyazların üçte birini kayısı-jelatin karışımına çırpın. Kalan beyazları yavaşça katlayın.
n) Karışım topaklanacak kadar kalın hale gelinceye kadar karıştırarak 3 ila 5 dakika soğumaya bırakın.
o) Kabuğun içine kaşıkla dökün (yüksek yığılacaktır).
ö) Pastayı 2 saat veya 1 güne kadar buzdolabında saklayın.
p) yarım bardak kayısı püresini gezdirin ve üzerine kıyılmış fındık serpin.

70.Ahududu Şifon Tart

İÇİNDEKİLER:
- 1 önceden hazırlanmış tart kabuğu (mağazadan satın alınmış veya ev yapımı)
- 2 su bardağı taze ahududu
- 1/4 su bardağı toz şeker
- 1 yemek kaşığı limon suyu
- 1 zarf aromasız jelatin
- 1/4 su bardağı soğuk su
- 1 bardak ağır krema
- 1/4 su bardağı pudra şekeri
- Süslemek için taze ahududu

TALİMATLAR:
a) Tart kabuğunu paket talimatlarına veya seçtiğiniz tarife göre hazırlayın. Tamamen soğumasını bekleyin.
b) Bir tencerede taze ahududu, toz şeker ve limon suyunu birleştirin. Ahududular parçalanıp suyunu salana kadar orta ateşte yaklaşık 5-7 dakika pişirin. Isıdan çıkarın ve hafifçe soğumasını bekleyin.
c) Küçük bir kapta jelatini soğuk suya serpin ve yumuşaması için yaklaşık 5 dakika bekletin.
ç) Ahududu karışımı hafifçe soğuduktan sonra, ince gözenekli bir elekten geçirerek tohumları çıkarın ve mümkün olduğu kadar fazla sıvıyı çıkarmak için bastırın.
d) Süzülmüş ahududu sıvısını tekrar tencereye alın. Düşük ateşte ılık olana kadar ısıtın, ancak kaynatmayın. Yumuşatılmış jelatini ekleyin ve tamamen eriyene kadar karıştırın. Isıdan çıkarın ve oda sıcaklığına soğumasını bekleyin.
e) Bir karıştırma kabında, ağır kremayı pudra şekeri ile sert zirveler oluşana kadar çırpın.
f) Soğutulmuş ahududu karışımını iyice birleşene kadar yavaşça çırpılmış kremaya katlayın.
g) Ahududu şifon dolgusunu soğumuş tart kabuğunun içine dökün ve eşit şekilde dağıtın.
ğ) Tartı en az 4 saat veya sertleşene kadar buzdolabında saklayın.
h) Servis yapmadan önce tartı taze ahududuyla süsleyin. Soğuyunca dilimleyip servis yapın.

71. Hindistan Cevizli Şifon Tart

İÇİNDEKİLER:
- 1 önceden hazırlanmış tart kabuğu (mağazadan satın alınmış veya ev yapımı)
- 1 bardak şekerli kıyılmış hindistan cevizi, kızartılmış
- 1 bardak hindistan cevizi sütü
- 1/2 su bardağı toz şeker
- 1 zarf aromasız jelatin
- 1/4 su bardağı soğuk su
- 1 bardak ağır krema
- 1/4 su bardağı pudra şekeri
- Garnitür için kızarmış hindistan cevizi gevreği

TALİMATLAR:
a) Tart kabuğunu paket talimatlarına veya seçtiğiniz tarife göre hazırlayın. Tamamen soğumasını bekleyin.
b) Kızarmış rendelenmiş hindistan cevizini, soğutulmuş tart kabuğunun tabanına eşit şekilde yayın.
c) Bir tencerede, hindistancevizi sütünü ve toz şekeri orta ateşte, şeker eriyene ve karışım ılık fakat kaynamayacak hale gelinceye kadar ısıtın.
ç) Küçük bir kapta jelatini soğuk suya serpin ve yumuşaması için yaklaşık 5 dakika bekletin.
d) Hindistan cevizi sütü karışımı ısındığında yumuşatılmış jelatini ekleyin ve tamamen eriyene kadar karıştırın. Isıdan çıkarın ve oda sıcaklığına soğumasını bekleyin.
e) Bir karıştırma kabında, ağır kremayı pudra şekeri ile sert zirveler oluşana kadar çırpın.
f) Soğutulmuş hindistancevizi sütü karışımını, iyice birleşene kadar yavaşça çırpılmış kremaya katlayın.
g) Hindistan cevizi şifon dolgusunu soğutulmuş tart kabuğunun içine dökün ve eşit şekilde dağıtın.
ğ) Tartı en az 4 saat veya sertleşene kadar buzdolabında saklayın.
h) Servis yapmadan önce tartı kızarmış hindistan cevizi pullarıyla süsleyin. Soğuyunca dilimleyip servis yapın.

72.Karışık Meyveli Şifon Tart

İÇİNDEKİLER:

- 1 önceden hazırlanmış tart kabuğu (mağazadan satın alınmış veya ev yapımı)
- 2 su bardağı karışık taze meyveler (çilek, yaban mersini ve böğürtlen gibi)
- 1/4 su bardağı toz şeker
- 1 yemek kaşığı limon suyu
- 1 zarf aromasız jelatin
- 1/4 su bardağı soğuk su
- 1 bardak ağır krema
- 1/4 su bardağı pudra şekeri
- Süslemek için taze nane yaprakları

TALİMATLAR:

a) Tart kabuğunu paket talimatlarına veya seçtiğiniz tarife göre hazırlayın. Tamamen soğumasını bekleyin.

b) Bir tencerede karışık meyveleri, toz şekeri ve limon suyunu birleştirin. Meyveler yumuşayıncaya ve meyve suları çıkana kadar orta ateşte yaklaşık 5-7 dakika pişirin. Isıdan çıkarın ve hafifçe soğumasını bekleyin.

c) Küçük bir kapta jelatini soğuk suya serpin ve yumuşaması için yaklaşık 5 dakika bekletin.

ç) Meyve karışımı hafifçe soğuduktan sonra, ince gözenekli bir elekten geçirerek içindeki tohumları çıkarın.

d) Süzülmüş meyve sıvısını tencereye geri koyun. Düşük ateşte ılık olana kadar ısıtın, ancak kaynatmayın. Yumuşatılmış jelatini ekleyin ve tamamen eriyene kadar karıştırın. Isıdan çıkarın ve oda sıcaklığına soğumasını bekleyin.

e) Bir karıştırma kabında, ağır kremayı pudra şekeri ile sert zirveler oluşana kadar çırpın.

f) Soğutulmuş meyve karışımını, iyice birleşene kadar yavaşça çırpılmış kremaya katlayın.

g) Karışık meyveli şifon dolgusunu soğutulmuş tart kabuğunun içine dökün ve eşit şekilde dağıtın.

ğ) Tartı en az 4 saat veya sertleşene kadar buzdolabında saklayın.

h) Servis yapmadan önce tartın üzerini taze nane yapraklarıyla süsleyin. Soğuyunca dilimleyip servis yapın.

KATMANLI TATLILAR

73.Çikolatalı Şifon Saksılar

İÇİNDEKİLER:

- 1½ bardak Yağsız süt
- 2 adet tatlandırılmamış jelatin zarfı
- 3 yemek kaşığı şekersiz kakao
- 2 yemek kaşığı toz şeker
- Birkaç tane tuz
- 2 çay kaşığı Vanilya özü
- 1 bardak Buz küpleri (6 ila 8)
- 4 çay kaşığı Yarı tatlı çikolata talaşı

TALİMATLAR:

a) Sütü orta boy bir tencereye koyun. Jelatin, kakao, şeker ve tuzu ekleyin. Jelatin tamamen eriyene kadar orta ateşte karıştırın.

b) Tencereyi ocaktan alın; vanilyayı ekleyin ve malzemelerin iyice karışması için çatal veya tel çırpıcıyla hızla karıştırın.

c) Karışımı bir karıştırıcıya dökün. Buz küplerini ekleyin, kapağını kapatın ve buz küpleri eriyene kadar orta hızda karıştırın.

ç) Kapağı açın, plastik bir spatula ile bir kez karıştırın ve karışımın jöle olması için 2-3 dakika bekletin.

d) Çikolatalı şifon karışımını 4 tatlı tabağına veya parfe bardağına kaşıkla dökün.

e) Her porsiyonun üzerine 1 çay kaşığı yarı tatlı çikolata talaşı ekleyin.

f) Keyifli ve soğutulmuş Çikolatalı Şifon Saksılarınızın tadını çıkarın!

74.Limonlu Şifon Puding

İÇİNDEKİLER:
- 1 su bardağı Şeker
- 3 yemek kaşığı Tereyağı
- 4 yemek kaşığı Un
- ¼ çay kaşığı Tuz
- ¼ bardak Limon suyu
- ½ Limon, rendelenmiş kabuğu
- 1 bardak Süt
- 3 Yumurta, ayrılmış

TALİMATLAR:
a) Şeker, un, tuz ve tereyağını birleştirin.
b) Limon suyunu ve rendelenmiş limon kabuğunu ekleyin, ardından çırpılmış yumurta sarısını ekleyin. Malzemeler iyice karışana kadar çırpın.
c) Sütü ekleyip karışıma karıştırın.
ç) Sertçe dövülmüş yumurta aklarını ekleyin.
d) Karışımı yağlanmış bir fırın tepsisine dökün ve sıcak su dolu bir tencereye koyun.
e) 350°F'de 45 dakika pişirin.
f) Sıcak servis yapın.

75.Mango ve Misket Limonu Şifon Trifle

İÇİNDEKİLER:

- 4 yumurta sarısı
- 2 çay kaşığı toz jelatin
- 2 çay kaşığı ince rendelenmiş limon kabuğu
- ½ bardak limon suyu
- ⅔ su bardağı pudra şekeri
- 3 yumurta akı
- 2 orta boy mango, ince dilimlenmiş
- ½ x 460g yuvarlak çift dolgusuz pandispanya, 2 cm'lik parçalar halinde kesilmiş (nota bakın)
- 300 ml koyulaştırılmış krema, çırpılmış

TALİMATLAR:
KİREÇ ŞİFON KARIŞIMI HAZIRLANIR

a) Yumurta sarısını, jelatini, limon kabuğunu, ⅓ bardak limon suyunu ve şekerin yarısını orta ısıya dayanıklı bir kapta birleştirin.
b) Kaseyi orta boy bir tencerede kaynayan suyun üzerine yerleştirin.
c) Karışımı ateşte 2 ila 3 dakika veya koyulaşana kadar çırpın.
ç) Kaseyi ocaktan alın ve soğumaya bırakın.

BEZE HAZIRLA

d) Elektrikli bir karıştırıcı kullanarak yumurta aklarını bir kasede yumuşak tepeler oluşuncaya kadar çırpın.
e) Kalan şekeri yavaş yavaş ekleyin, her eklemeden sonra şeker eriyene kadar çırpın.
f) Bezeyi iki parti halinde kireç karışımına katlayın.

TRIFLE'I BİRLEŞTİRİN

g) Mangonun ⅓'ünü pürüzsüz olana kadar karıştırın veya işleyin. Gerekene kadar buzdolabında saklayın.
ğ) cam servis kabının tabanına dizin .
h) Kalan limon suyunu serpin .
ı) Kalan dilimlenmiş mangoyu üstüne koyun.
i) Misket limonu şifon karışımını mangonun üzerine yayın.
j) Zamanınız varsa 3 saat veya bir gece buzdolabında bekletin.
k) Üzerine çırpılmış kremayı dökün ve üzerine mango püresini gezdirin.
l) Bu enfes Mango ve Limonlu Şifon Trifle'yi servis edin ve keyfini çıkarın.

76.Çilekli Şifon Cheesecake Parfe

İÇİNDEKİLER:
DOLGU İÇİN:
- 1 ¼ çay kaşığı Aromasız Jelatin (Paketin yarısı)
- ⅔ bardak Ananas Suyu
- 8 onsluk paket Yağsız Krem Peynir, oda sıcaklığında yumuşatılmış VEYA 24 saat boyunca süzülmüş yoğurt
- 42 gram Dondurularak Kurutulmuş Çilek (yaklaşık 1 bardak), toz haline getirilmiş
- 4 Yemek Kaşığı Toz Şeker
- 2 Büyük Yumurta, ayrılmış
- ¼ çay kaşığı Koşer Tuzu

KABUĞU İÇİN:
- 20 Graham Kraker (5 Yaprak), kırıntı haline getirilmiş
- 1 Yemek Kaşığı Esmer Şeker
- 1 Yemek Kaşığı Tereyağı, eritilmiş
- 2 tutam Kaşer Tuz

TALİMATLAR:
GRAHAM CRACKER KABUK İÇİN:
a) Graham kraker kırıntılarını, şekeri ve eritilmiş tereyağını birleştirin. Birleştirmek ve hava geçirmez bir kapta saklamak için iyice karıştırın.

DOLGU İÇİN:
b) Dondurularak kurutulmuş çilekleri bir mutfak robotunda veya blenderde ince bir toz haline gelinceye kadar işleyin. Bir kenara koyun.

c) Yumuşatılmış krem peyniri, kürekli karıştırıcı ile donatılmış bir kapta çırpın. Çilek tozunu ekleyin ve kremsi ve pürüzsüz hale gelinceye kadar yüksek hızda çırpın.

ç) Küçük bir tencerede jelatin ve ananas suyunu birleştirin. Yaklaşık 5 dakika kadar çiçeklenmeye bırakın.

d) Ayrı bir kapta yumurta aklarını sert tepecikler oluşuncaya kadar çırpın. Bir kenara koyun.

e) Düşük ateşte jelatin karışımını tamamen eriyene kadar karıştırın. Ateşten alın.

f) Başka bir kapta yumurta sarılarını ve şekeri, sarıları açık sarı oluncaya kadar çırpın.
g) Yumurta sarısını yumuşatmak için, çırpma sırasında çırpma işlemini önlemek için sıcak jelatin karışımından az miktarda yavaş yavaş ekleyin.
ğ) Temperlenmiş yumurta sarısı karışımını kalan jelatin karışımıyla birlikte tencereye karıştırın. Karışım hafif koyulaşana kadar (yaklaşık 3-5 dakika) sürekli karıştırarak orta-düşük ateşte pişirin.
h) Düşük hızda, yavaş yavaş jelatin karışımının yaklaşık ⅓'ünü krem peynir karışımına ekleyin. Tüm jelatin eklenene kadar tekrarlayın. Kaseyi mikserden çıkarın.
ı) Tamamen karışıncaya kadar sert yumurta aklarını yavaşça katlayın.

PARFÜMLERİN MONTAJI İÇİN:
i) Her servis kabına yaklaşık ½ bardak şifon dolgusunu kaşıkla dökün.
j) Kalan parfeler için de aynı işlemi tekrarlayın.
k) Sertleşene kadar buzdolabında yaklaşık 1 ila 1 ½ saat bekletin.
l) Servis yapmadan önce üzerine 1 yemek kaşığı Graham Cracker Crust serpin ve doğranmış taze çileklerle süsleyin.
m) Baharı karşılamak için mükemmel bir ikram olan bu enfes Çilekli Şifon Cheesecake Parfe'lerin tadını çıkarın !

77.Şifon Tiramisu

İÇİNDEKİLER:

ŞİFON KEK İÇİN:
- 1 su bardağı kek unu
- 1 su bardağı toz şeker
- 1 çay kaşığı kabartma tozu
- ½ çay kaşığı tuz
- ¼ bardak bitkisel yağ
- ¼ bardak su
- 6 büyük yumurta, ayrılmış
- 1 çay kaşığı vanilya özü
- ¼ çay kaşığı tartar kreması

TİRAMİSU DOLGUSU İÇİN:
- 1 fincan güçlü demlenmiş kahve, soğutulmuş
- ¼ fincan kahve likörü (örneğin, Kahlúa)
- 3 yemek kaşığı kakao tozu, bölünmüş
- 8 ons mascarpone peyniri, yumuşatılmış
- 1 bardak ağır krema
- ½ su bardağı pudra şekeri
- 1 çay kaşığı vanilya özü

MONTAJ İÇİN:
- Tozunu almak için kakao tozu
- Çikolata rendesi veya rendelenmiş çikolata

TALİMATLAR:

ŞİFON KEK:

a) Fırınınızı önceden 325°F'ye (163°C) ısıtın. 9 inçlik yuvarlak kek kalıbını yağlayın ve unlayın.

b) Büyük bir kapta kek ununu, şekeri, kabartma tozunu ve tuzu birlikte çırpın.

c) Ayrı bir kapta yağı, suyu, yumurta sarısını ve vanilya özünü birlikte çırpın.

ç) Islak malzemeleri yavaş yavaş kuru malzemelere ekleyin ve pürüzsüz hale gelinceye kadar karıştırın.

d) Başka bir temiz, kuru kapta, yumurta aklarını ve tartar kremasını sert zirveler oluşana kadar çırpın.

e) Yumurta akı karışımını iyice birleşene kadar yavaşça hamurun içine katlayın.
f) Hazırlanan tavaya hamuru dökün ve üstünü düzeltin.
g) 35-40 dakika veya ortasına batırdığınız kürdan temiz çıkana kadar pişirin.
ğ) Pastayı kalıptan çıkarmadan önce tamamen soğumasını bekleyin.

TİRAMİSU DOLGUSU:
h) Sığ bir tabakta demlenmiş kahveyi ve kahve likörünü birleştirin. Bir kenara koyun.
ı) Küçük bir kaseye 2 yemek kaşığı kakao tozunu eleyin.
i) Bir karıştırma kabında mascarpone peynirini, pudra şekerini ve vanilya özünü pürüzsüz hale gelinceye kadar çırpın.
j) Ayrı bir kapta, ağır kremayı sert tepeler oluşuncaya kadar çırpın.
k) Çırpılmış kremayı iyice birleşene kadar mascarpone karışımına yavaşça katlayın.

TOPLANTI:
l) Soğutulmuş şifon keki yatay olarak iki eşit katmana dilimleyin.
m) Her kek katmanını kahve karışımına batırın, iyice ıslatıldıklarından ancak ıslak olmadıklarından emin olun.
n) Servis tabağının dibine ıslatılmış bir kek tabakasını yerleştirin.
o) Islatılmış kek tabakasının üzerine mascarpone karışımından bir kat sürün.
ö) Elenmiş kakao tozunun yarısını mascarpone tabakasının üzerine serpin.
p) İşlemi ikinci kek katı, mascarpone karışımı ve kalan kakao tozu ile tekrarlayın.
r) Üstüne kakao tozu serperek ve çikolata talaşı veya rendelenmiş çikolata ile süsleyerek bitirin.
s) Tatların erimesini sağlamak için en az 4 saat veya gece boyunca buzdolabında saklayın.
ş) Soğuyunca dilimleyip servis yapın.

78. Ahududu ve Beyaz Çikolatalı Şifon Mus

İÇİNDEKİLER:

ŞİFON KEK KATMANI İÇİN:
- 1 kat şifon kek (herhangi bir şifon kek tarifini kullanabilirsiniz)

Ahududu Köpüğü KATMANI İÇİN:
- 2 su bardağı taze ahududu
- 1/4 su bardağı toz şeker
- 1 yemek kaşığı limon suyu
- 2 çay kaşığı jelatin tozu
- 1/4 su bardağı soğuk su
- 1 bardak ağır krema

BEYAZ ÇİKOLATA MUSSE KATMANI İÇİN:
- 6 ons beyaz çikolata, doğranmış
- 1 1/2 bardak ağır krema, bölünmüş
- 1 çay kaşığı vanilya özü

TALİMATLAR:

a) Şifon kek katmanını seçtiğiniz tarife göre hazırlayın ve tamamen soğumasını bekleyin.

b) Ahududu köpüğü tabakası için ahududuları bir blender veya mutfak robotunda püre haline getirin. Tohumları çıkarmak için püreyi ince gözenekli bir elek ile süzün.

c) Bir tencerede ahududu püresini, şekeri ve limon suyunu birleştirin. Şeker eriyene kadar orta ateşte pişirin. Ateşten alın.

ç) Küçük bir kasede jelatini soğuk suyun üzerine serpin ve 5 dakika kadar kabarmasını bekleyin. Jelatin karışımını çözünene kadar 10-15 saniye mikrodalgada tutun.

d) Çözünmüş jelatini, iyice birleşene kadar ılık ahududu karışımına karıştırın. Oda sıcaklığına soğumaya bırakın.

e) Bir karıştırma kabında, ağır kremayı sert zirveler oluşana kadar çırpın. Çırpılmış kremayı, pürüzsüz ve iyice birleşene kadar ahududu karışımına yavaşça katlayın.

f) Ahududu köpüğünü servis tabağındaki veya tek kişilik bardaklardaki şifon kek tabakasının üzerine eşit şekilde yayın. Beyaz çikolatalı mus katmanını hazırlarken buzdolabında saklayın.

g) Beyaz çikolatalı mus tabakası için, beyaz çikolatayı 1/2 bardak krema ile kaynayan su dolu bir tencerenin (çift kazan) üzerine yerleştirilmiş ısıya dayanıklı bir kapta eritin. Pürüzsüz ve kremsi olana kadar karıştırın. Isıdan çıkarın ve oda sıcaklığına soğumasını bekleyin.

ğ) Başka bir karıştırma kabında, kalan 1 bardak kremayı ve vanilya özünü sert zirveler oluşana kadar çırpın.

h) Çırpılmış kremayı soğutulmuş beyaz çikolata karışımına pürüzsüz ve iyice birleşene kadar yavaşça katlayın.

ı) Beyaz çikolatalı musu ahududulu mus tabakasının üzerine dikkatlice yayın.

i) Katmanlı tatlıyı en az 4 saat veya sertleşene kadar soğutun.

j) Servis yapmadan önce isteğe göre taze ahududu veya beyaz çikolata rendesi ile süsleyebilirsiniz. Ahududu ve beyaz çikolata lezzetlerinin enfes birleşiminin tadını çıkarın!

79.Yaban Mersinli ve Limonlu Şifon Parfe

İÇİNDEKİLER:

ŞİFON KEK KATMANI İÇİN:
- 1 kat şifon kek (herhangi bir şifon kek tarifini kullanabilirsiniz)

YABAN MERSİNİ KOMPOSTASI KATMANI İÇİN:
- 2 su bardağı taze veya dondurulmuş yaban mersini
- 1/4 su bardağı toz şeker
- 1 yemek kaşığı limon suyu
- 1 çay kaşığı mısır nişastası
- 2 yemek kaşığı soğuk su

LİMON KÖPÜĞÜ KATMAN İÇİN:
- 1 bardak ağır krema
- 1/4 su bardağı pudra şekeri
- 1 limon kabuğu rendesi ve
- 2 yemek kaşığı limon suyu
- 1 çay kaşığı jelatin tozu
- 2 yemek kaşığı soğuk su

TALİMATLAR:

a) Şifon kek katmanını seçtiğiniz tarife göre hazırlayın ve tamamen soğumasını bekleyin.

b) Yaban mersini kompostosu katmanı için yaban mersini, şekeri ve limon suyunu bir tencerede birleştirin. Yaban mersinleri patlayıp suyunu salıncaya kadar orta ateşte pişirin.

c) Küçük bir kapta mısır nişastasını soğuk suda eritin. Mısır nişastası karışımını yaban mersini karışımına karıştırın ve sürekli karıştırarak koyulaşana kadar pişirin. Isıdan çıkarın ve oda sıcaklığına soğumasını bekleyin.

ç) Limonlu köpük tabakası için, kremayı, pudra şekerini, limon kabuğu rendesini ve limon suyunu yumuşak zirveler oluşuncaya kadar çırpın.

d) Küçük bir kasede jelatini soğuk suyun üzerine serpin ve 5 dakika kadar kabarmasını bekleyin. Jelatin karışımını çözünene kadar 10-15 saniye mikrodalgada tutun.

e) Çözünmüş jelatini yavaş yavaş çırpılmış krema karışımına ekleyin ve sert tepe noktaları oluşana kadar çırpın.

f) Parfeleri birleştirmek için şifon kek katmanını ufalayıp servis bardaklarına paylaştırın.
g) Kek katmanını bir kaşık dolusu yaban mersini kompostosu ve ardından bir kat limon köpüğü ile doldurun.
ğ) dolana kadar katmanları tekrarlayın ve üstüne bir parça limon köpüğü ile bitirin.
h) Parfeleri en az 2 saat veya katılaşana kadar buzdolabında saklayın.
ı) Servis etmeden önce isteğe göre taze yaban mersini ve limon dilimleri ile süsleyebilirsiniz. Yaban mersini ve limon lezzetlerinin ferahlatıcı birleşiminin tadını çıkarın!

80.Hindistan Cevizi ve Ananaslı Şifon Trifle

İÇİNDEKİLER:

ŞİFON KEK KATMANI İÇİN:
- 1 kat şifon kek (herhangi bir şifon kek tarifini kullanabilirsiniz)

ANANAS DOLGU KATMAN İÇİN:
- 2 su bardağı taze ananas, doğranmış
- 1/4 su bardağı toz şeker
- 1 yemek kaşığı mısır nişastası
- 2 yemek kaşığı soğuk su
- 1/2 su bardağı kıyılmış hindistan cevizi

HİNDİSTAN CEVİZİ KREMASI KATMANI İÇİN:
- 1 kutu (13,5 oz) hindistan cevizi sütü, soğutulmuş
- 1/4 su bardağı pudra şekeri
- 1 çay kaşığı vanilya özü
- 1/2 su bardağı rendelenmiş hindistan cevizi, kızartılmış (isteğe bağlı, garnitür için)

TALİMATLAR:

a) Şifon kek katmanını seçtiğiniz tarife göre hazırlayın ve tamamen soğumasını bekleyin.

b) Ananas dolgusu için doğranmış ananas ve şekeri bir tencerede birleştirin. Ananaslar yumuşayıncaya ve suyu çıkana kadar orta ateşte pişirin.

c) Küçük bir kapta mısır nişastasını soğuk suda eritin. Mısır nişastası karışımını ananas karışımına karıştırın ve sürekli karıştırarak koyulaşana kadar pişirin. Isıdan çıkarın ve oda sıcaklığına soğumasını bekleyin.

ç) Kıyılmış hindistan cevizini ananas karışımına karıştırın.

d) Hindistan cevizi kreması katmanı için, soğutulmuş hindistan cevizi sütü kutusunu açın ve hindistancevizi suyunu geride bırakarak üstüne çıkan katı hindistan cevizi kremasını çıkarın. Hindistan cevizi kremasını bir karıştırma kabına yerleştirin.

e) Hindistan cevizi kremasına pudra şekeri ve vanilya özü ekleyin. Pürüzsüz ve kremsi olana kadar çırpın.

f) Tatlıyı birleştirmek için şifon kek katmanını ufalayın ve yarısını servis tabağının tabanına eşit şekilde yayın.

g) Ananas dolgusunu kek tabakasının üzerine yayın.

ğ) Hindistan cevizi kremasını ananas dolgusunun üzerine yayın.
h) Kalan kek kırıntıları, ananas dolgusu ve hindistan cevizi kremasıyla katmanları tekrarlayın.
ı) İsteğe bağlı olarak üstünü kavrulmuş kıyılmış hindistan ceviziyle süsleyin.
i) Tatların birbirine karışmasını sağlamak için tatlıyı servis etmeden önce en az 2 saat buzdolabında saklayın.
j) Hindistan cevizi ve ananaslı şifon lokumunu dilimleyip servis edin, tropik lezzetlerin tadını çıkarın!

81.Kara Orman Şifon Kek Trifle

İÇİNDEKİLER:

ŞİFON KEK KATMANI İÇİN:
- 1 kat şifon kek (herhangi bir şifon kek tarifini kullanabilirsiniz)

VİŞNE DOLGUSU İÇİN:
- 2 su bardağı çekirdeği çıkarılmış kiraz, taze veya dondurulmuş
- 1/4 su bardağı toz şeker
- 1 yemek kaşığı mısır nişastası
- 2 yemek kaşığı soğuk su
- 1 yemek kaşığı limon suyu
- 1/2 çay kaşığı badem özü (isteğe bağlı)

ŞANTİ KREMA KATMANI İÇİN:
- 2 bardak ağır krema
- 1/4 su bardağı pudra şekeri
- 1 çay kaşığı vanilya özü

MONTAJ İÇİN:
- Garnitür için çikolata talaşı veya bukleler (isteğe bağlı)

TALİMATLAR:

a) Şifon kek katmanını seçtiğiniz tarife göre hazırlayın ve tamamen soğumasını bekleyin.

b) Vişne dolgusu için çekirdeği çıkarılmış kirazları, şekeri, limon suyunu ve badem özünü (kullanılıyorsa) bir tencerede birleştirin. Kirazların suyunu salıp çekene kadar orta ateşte pişirin.

c) Küçük bir kapta mısır nişastasını soğuk suda eritin. Mısır nişastası karışımını kiraz karışımına ekleyin ve sürekli karıştırarak koyulaşana kadar pişirin. Isıdan çıkarın ve oda sıcaklığına soğumasını bekleyin.

ç) Çırpılmış krema katmanı için, ağır kremayı, pudra şekerini ve vanilya özünü sert zirveler oluşuncaya kadar çırpın.

d) Önemsemeyi birleştirmek için şifon kek katmanını küçük küpler halinde kesin.

e) Kek küplerinin yarısını küçük bir tabağın veya bireysel servis bardaklarının altına yerleştirin.

f) Kiraz dolgusunun yarısını kek küplerinin üzerine dökün ve eşit şekilde dağıtın.

g) Çırpılmış kremanın yarısını vişneli dolgunun üzerine yayın.

ğ) Kalan kek küpleri, kiraz dolgusu ve krem şanti ile katmanları tekrarlayın.
h) İsteğe bağlı olarak üst kısmı çikolata talaşı veya buklelerle süsleyin.
ı) Tatların birbirine karışmasına izin vermek için servis yapmadan önce en az 1 saat kadar buzdolabında bekletin.
i) Soğutulmuş olarak servis yapın ve Kara Orman esintili bu tatlının lezzetli katmanlarının tadını çıkarın!

82.Hindistan Cevizli ve Mangolu Şifon Parfe

İÇİNDEKİLER:

ŞİFON KEK KATMANI İÇİN:
- 1 kat şifon kek (herhangi bir şifon kek tarifini kullanabilirsiniz)

MANGO PÜRESİ KATMANI İÇİN:
- 2 olgun mango, soyulmuş ve doğranmış
- 2 yemek kaşığı toz şeker (damak tadınıza göre ayarlayın)
- 1 yemek kaşığı limon suyu

HİNDİSTAN CEVİZİ KREMASI KATMANI İÇİN:
- 1 kutu (13,5 oz) hindistan cevizi sütü, soğutulmuş
- 1/4 su bardağı pudra şekeri
- 1 çay kaşığı vanilya özü

TALİMATLAR:

a) Şifon kek katmanını seçtiğiniz tarife göre hazırlayın ve tamamen soğumasını bekleyin.

b) Mango püresi katmanı için doğranmış mangoları, şekeri ve limon suyunu bir blender veya mutfak robotunda pürüzsüz hale gelinceye kadar karıştırın. Şekeri damak tadınıza göre ayarlayın.

c) Hindistan cevizi kreması katmanı için, soğutulmuş hindistan cevizi sütü kutusunu açın ve hindistancevizi suyunu geride bırakarak üstüne çıkan katı hindistan cevizi kremasını çıkarın. Hindistan cevizi kremasını bir karıştırma kabına yerleştirin.

ç) Hindistan cevizi kremasına pudra şekeri ve vanilya özü ekleyin. Pürüzsüz ve kremsi olana kadar çırpın.

d) Parfeyi birleştirmek için şifon kek katmanını servis bardaklarının tabanına ufalayın.

e) Kek kırıntılarının üzerine bir kat mango püresi dökün.

f) Üstüne bir kat hindistan cevizi kreması koyun.

g) dolana kadar katmanları tekrarlayın ve üstüne bir parça hindistan cevizi kreması ile bitirin.

ğ) İsteğe bağlı olarak ilave doğranmış mango veya kızarmış hindistan cevizi gevreği ile süsleyin.

h) Tatların birbirine karışmasını sağlamak için servis yapmadan önce parfeleri en az 1 saat buzdolabında saklayın.

ı) Soğutulmuş olarak servis yapın ve hindistancevizi ve mango lezzetlerinin tropikal kombinasyonunun tadını çıkarın!

83.Şeftali Melba Şifon Kek Trifle

İÇİNDEKİLER:

ŞİFON KEK KATMANI İÇİN:
- 1 kat şifon kek (herhangi bir şifon kek tarifini kullanabilirsiniz)

ŞEFTALİ KOMPOSTASI KATMANI İÇİN:
- 2 su bardağı dilimlenmiş şeftali, taze veya konserve (süzülmüş)
- 2 yemek kaşığı toz şeker
- 1 yemek kaşığı limon suyu

AHUDUDU SOS KATMANI İÇİN:
- 1 su bardağı taze ahududu
- 2 yemek kaşığı toz şeker
- 1 yemek kaşığı limon suyu

ŞANTİ KREMA KATMANI İÇİN:
- 2 bardak ağır krema
- 1/4 su bardağı pudra şekeri
- 1 çay kaşığı vanilya özü

TALİMATLAR:

a) Şifon kek katmanını seçtiğiniz tarife göre hazırlayın ve tamamen soğumasını bekleyin.

b) Şeftali kompostosu katmanı için dilimlenmiş şeftalileri, şekeri ve limon suyunu bir tencerede birleştirin. Şeftaliler yumuşayıncaya ve suyunu salıncaya kadar orta ateşte pişirin.

c) Ahududu sosu katmanı için taze ahududu, şeker ve limon suyunu bir blender veya mutfak robotunda pürüzsüz hale gelinceye kadar karıştırın. Tohumları çıkarmak için karışımı ince gözenekli bir elek ile süzün.

ç) Çırpılmış krema katmanı için, ağır kremayı, pudra şekerini ve vanilya özünü sert zirveler oluşuncaya kadar çırpın.

d) Önemsemeyi birleştirmek için şifon kek katmanını küçük küpler halinde kesin.

e) Kek küplerinin yarısını küçük bir tabağın veya bireysel servis bardaklarının altına yerleştirin.

f) Şeftali kompostosunun yarısını kek küplerinin üzerine dökün ve eşit şekilde dağıtın.

g) Ahududu sosunun yarısını şeftali kompostosu üzerine gezdirin.

ğ) Çırpılmış kremanın yarısını ahududu sosunun üzerine yayın.

h) Kalan kek küpleri, şeftali kompostosu, ahududu sosu ve krem şanti ile katmanları tekrarlayın.
ı) Tatların birbirine karışmasına izin vermek için servis yapmadan önce en az 1 saat kadar buzdolabında bekletin.
i) Soğutulmuş olarak servis yapın ve Şeftali Melba'dan ilham alan bu tatlıda şeftali ve ahududuların enfes kombinasyonunun tadını çıkarın!

84.Fıstıklı ve Kirazlı Şifon Parfe

İÇİNDEKİLER:

ŞİFON KEK KATMANI İÇİN:
- 1 kat şifon kek (herhangi bir şifon kek tarifini kullanabilirsiniz)

KİRAZ KOMPOSTASI KATMANI İÇİN:
- 2 su bardağı çekirdeği çıkarılmış kiraz, taze veya dondurulmuş
- 2 yemek kaşığı toz şeker
- 1 yemek kaşığı limon suyu

ANTEP FISTIĞI KREMASI KATMAN İÇİN:
- 1 bardak ağır krema
- 1/4 su bardağı pudra şekeri
- 1 çay kaşığı badem özü
- 1/2 su bardağı kabukları soyulmuş antep fıstığı, ince doğranmış

TALİMATLAR:

a) Şifon kek katmanını seçtiğiniz tarife göre hazırlayın ve tamamen soğumasını bekleyin.

b) Vişne kompostosu katmanı için çekirdeği çıkarılmış kirazları, şekeri ve limon suyunu bir tencerede birleştirin. Kirazların suyunu bırakıp karışım hafif koyulaşana kadar orta ateşte pişirin. Isıdan çıkarın ve oda sıcaklığına soğumasını bekleyin.

c) Fıstıklı krema katmanı için, kremayı, pudra şekerini ve badem özünü sert zirveler oluşuncaya kadar çırpın.

ç) İnce kıyılmış antep fıstıklarını çırpılmış kremaya eşit şekilde dağılıncaya kadar katlayın.

d) Parfeyi birleştirmek için şifon kek katmanını servis bardaklarının tabanına ufalayın.

e) Kek kırıntılarının üzerine bir kat vişne kompostosu dökün.

f) Üzerine bir kat fıstık kreması sürün.

g) dolana kadar katmanları tekrarlayın ve üzerine bir parça fıstık kreması sürün.

ŞİFON BARLAR VE KARELER

85.Limon Şifon Barlar

İÇİNDEKİLER:

KABUĞU İÇİN:
- 1 1/2 bardak graham kraker kırıntısı
- 1/4 su bardağı toz şeker
- 1/2 su bardağı tuzsuz tereyağı, eritilmiş

DOLGU İÇİN:
- 4 büyük yumurta, ayrılmış
- 1 su bardağı toz şeker
- 1/4 bardak limon suyu
- 1 yemek kaşığı limon kabuğu rendesi
- 1/4 bardak çok amaçlı un
- Üzerine serpmek için pudra şekeri (isteğe bağlı)

TALİMATLAR:

a) Fırınınızı önceden 350°F (175°C) ısıtın. 9x13 inçlik bir fırın tepsisini yağlayın.
b) Bir karıştırma kabında graham kraker kırıntılarını, şekeri ve eritilmiş tereyağını birleştirin. Karışımı hazırlanan fırın tepsisinin tabanına eşit şekilde bastırın.
c) Başka bir karıştırma kabında yumurta sarılarını toz şekerle hafif ve kabarıncaya kadar çırpın.
ç) İyice birleşene kadar limon suyu ve limon kabuğu rendesini karıştırın.
d) Unu yavaş yavaş pürüzsüz hale gelinceye kadar karıştırın.
e) Ayrı bir kapta yumurta aklarını sert tepecikler oluşuncaya kadar çırpın.
f) Çırpılmış yumurta aklarını limon karışımına, hiç iz kalmayıncaya kadar yavaşça katlayın.
g) Limonlu şifon karışımını fırın tepsisindeki kabuğun üzerine dökün.
ğ) Önceden ısıtılmış fırında 25-30 dakika ya da üzeri hafifçe kızarıncaya kadar pişirin.
h) Fırından çıkarın ve tavada tamamen soğumasını bekleyin.
ı) Soğuduktan sonra isteğe göre üzerine pudra şekeri serpebilirsiniz.
i) Kare veya çubuk şeklinde kesip servis yapın. Bu limonlu şifon çubukların keskin ve ferahlatıcı lezzetinin tadını çıkarın!

86.Çikolatalı Şifon Brownie

İÇİNDEKİLER:

BROWNIE KATMANI İÇİN:
- 1/2 su bardağı tuzsuz tereyağı
- 1 su bardağı toz şeker
- 2 büyük yumurta
- 1 çay kaşığı vanilya özü
- 1/3 su bardağı şekersiz kakao tozu
- 1/2 bardak çok amaçlı un
- 1/4 çay kaşığı tuz
- 1/4 çay kaşığı kabartma tozu

ŞİFON KATMAN İÇİN:
- 4 büyük yumurta, ayrılmış
- 3/4 su bardağı toz şeker
- 1/2 bardak tuzsuz tereyağı, eritilmiş ve soğutulmuş
- 1/4 su bardağı su
- 1 çay kaşığı vanilya özü
- 3/4 su bardağı çok amaçlı un
- 1/4 çay kaşığı tartar kreması

TALİMATLAR:

a) Fırınınızı önceden 350°F (175°C) ısıtın. 9x13 inçlik bir fırın tepsisini yağlayın.

b) Brownie katmanı için tereyağını bir tencerede kısık ateşte eritin. Ateşten alıp şekeri, yumurtaları ve vanilya özütünü iyice birleşene kadar karıştırın.

c) Kakao tozu, un, tuz ve kabartma tozunu pürüzsüz hale gelinceye kadar karıştırın.

ç) Hazırladığınız brownie hamurunu fırın tepsisinin tabanına eşit şekilde yayın.

d) Şifon katmanı için yumurta sarılarını kalın ve limon rengine gelinceye kadar çırpın. Yavaş yavaş şekeri çırpın.

e) Eritilmiş tereyağı, su ve vanilya özütünü iyice birleşene kadar karıştırın.

f) Unu yavaş yavaş pürüzsüz hale gelinceye kadar karıştırın.

g) Ayrı bir kapta yumurta aklarını ve tartar kremasını sert zirveler oluşana kadar çırpın.

ğ) Çırpılmış yumurta aklarını şifon hamurunun içine hiç iz kalmayıncaya kadar yavaşça katlayın.
h) Fırın tepsisindeki brownie hamurunun üzerine şifon hamurunu dökün.
ı) Önceden ısıtılmış fırında 30-35 dakika ya da üzeri hafifçe kızarıncaya kadar pişirin.
i) Fırından çıkarın ve tavada tamamen soğumasını bekleyin.
j) Soğuduktan sonra çubuk şeklinde kesip servis yapın. Çikolatalı brownie ve hafif şifon katmanların muhteşem kombinasyonunun tadını çıkarın!

87.Hindistan Cevizi Şifon Kareler

İÇİNDEKİLER:
KABUĞU İÇİN:
- 1 1/2 bardak graham kraker kırıntısı
- 1/4 su bardağı toz şeker
- 1/2 su bardağı tuzsuz tereyağı, eritilmiş

DOLGU İÇİN:
- 4 büyük yumurta, ayrılmış
- 1 su bardağı toz şeker
- 1/2 bardak tuzsuz tereyağı, eritilmiş ve soğutulmuş
- 1 bardak hindistan cevizi sütü
- 1 çay kaşığı vanilya özü
- 1 1/2 su bardağı kıyılmış hindistan cevizi

TALİMATLAR:
a) Fırınınızı önceden 350°F (175°C) ısıtın. 9x13 inçlik bir fırın tepsisini yağlayın.

b) Bir karıştırma kabında graham kraker kırıntılarını, şekeri ve eritilmiş tereyağını birleştirin. Karışımı hazırlanan fırın tepsisinin tabanına eşit şekilde bastırın.

c) Başka bir karıştırma kabında yumurta sarılarını koyulaşıp limon rengine gelinceye kadar çırpın. Yavaş yavaş şekeri çırpın.

ç) Eritilmiş tereyağını, hindistancevizi sütünü ve vanilya özünü iyice birleşene kadar karıştırın.

d) Kıyılmış hindistan cevizini eşit şekilde dağıtılıncaya kadar karıştırın.

e) Ayrı bir kapta yumurta aklarını sert tepecikler oluşuncaya kadar çırpın.

f) Çırpılmış yumurta aklarını hindistancevizi karışımına, hiç iz kalmayıncaya kadar yavaşça katlayın.

g) Hindistan cevizi şifon karışımını fırın tepsisindeki kabuğun üzerine dökün.

ğ) Önceden ısıtılmış fırında 25-30 dakika ya da üzeri hafifçe kızarıncaya kadar pişirin.

h) Fırından çıkarın ve tavada tamamen soğumasını bekleyin.

ı) Soğuduktan sonra karelere kesip servis yapın. Bu hindistan cevizi şifon karelerinin tropik lezzetinin tadını çıkarın!

88.Turuncu Şifon Barlar

İÇİNDEKİLER:

KABUĞU İÇİN:
- 1 1/2 bardak graham kraker kırıntısı
- 1/4 su bardağı toz şeker
- 1/2 su bardağı tuzsuz tereyağı, eritilmiş

DOLGU İÇİN:
- 4 büyük yumurta, ayrılmış
- 1 su bardağı toz şeker
- 1/2 su bardağı taze sıkılmış portakal suyu
- 1 yemek kaşığı portakal kabuğu rendesi
- 1/4 bardak tuzsuz tereyağı, eritilmiş ve soğutulmuş
- 1/4 bardak çok amaçlı un

TALİMATLAR:

a) Fırınınızı önceden 350°F (175°C) ısıtın. 9x13 inçlik bir fırın tepsisini yağlayın.

b) Bir karıştırma kabında graham kraker kırıntılarını, şekeri ve eritilmiş tereyağını birleştirin. Karışımı hazırlanan fırın tepsisinin tabanına eşit şekilde bastırın.

c) Başka bir karıştırma kabında yumurta sarılarını koyulaşıp limon rengine gelinceye kadar çırpın. Yavaş yavaş şekeri çırpın.

ç) Portakal suyunu, portakal kabuğu rendesini, eritilmiş tereyağını ve unu iyice birleşene kadar karıştırın.

d) Ayrı bir kapta yumurta aklarını sert tepecikler oluşuncaya kadar çırpın.

e) Çırpılmış yumurta aklarını portakal karışımına, hiç iz kalmayıncaya kadar yavaşça katlayın.

f) Turuncu şifon karışımını fırın tepsisindeki kabuğun üzerine dökün.

g) Önceden ısıtılmış fırında 25-30 dakika ya da üzeri hafifçe kızarıncaya kadar pişirin.

ğ) Fırından çıkarın ve tavada tamamen soğumasını bekleyin.

h) Soğuduktan sonra çubuk şeklinde kesip servis yapın. Bu turuncu şifon çubukların narenciye aromasının tadını çıkarın!

89.Çilek Şifon Kareler

İÇİNDEKİLER:
KABUĞU İÇİN:
- 1½ bardak Graham gofret kırıntısı
- ⅓ su bardağı eritilmiş margarin

DOLGU İÇİN:
- ¾ su bardağı kaynar su
- 1 paket çilekli jöle
- 1 su bardağı Eagle Brand süt (şekerli yoğunlaştırılmış süt)
- ⅓ bardak limon suyu
- 1 paket Dondurulmuş dilimlenmiş çilek
- 3 bardak Minyatür marshmallow
- ½ pint Krem şanti, çırpılmış

TALİMATLAR:
KABUĞU İÇİN:
a) Graham gofret kırıntılarını ve eritilmiş margarini birleştirin.
b) Karışımı 9 x 13 inçlik bir tavanın tabanına dökün.

DOLGU İÇİN:
c) Çilekli jöleyi geniş bir kapta kaynar suda eritin.
ç) Şekerli yoğunlaştırılmış süt, limon suyu, dondurulmuş dilimlenmiş çilekler ve marshmallowları karıştırın.
d) Çırpılmış kremayı katlayın.
e) Karışımı kırıntı kabuğunun üzerine dökün.
f) Ayarlanana kadar soğutun, yaklaşık 2 saat.

90. Key Lime Şifon Barlar

İÇİNDEKİLER:

KABUĞU İÇİN:
- 1 1/2 bardak graham kraker kırıntısı
- 1/4 su bardağı toz şeker
- 1/2 su bardağı tuzsuz tereyağı, eritilmiş

DOLGU İÇİN:
- 4 büyük yumurta, ayrılmış
- 1 su bardağı toz şeker
- 1/2 bardak taze sıkılmış limon suyu
- 1 yemek kaşığı limon kabuğu rendesi
- 1/4 bardak tuzsuz tereyağı, eritilmiş ve soğutulmuş
- 1/4 bardak çok amaçlı un

TALİMATLAR:

a) Fırınınızı önceden 350°F (175°C) ısıtın. 9x13 inçlik bir fırın tepsisini yağlayın.

b) Bir karıştırma kabında graham kraker kırıntılarını, şekeri ve eritilmiş tereyağını birleştirin. Karışımı hazırlanan fırın tepsisinin tabanına eşit şekilde bastırın.

c) Başka bir karıştırma kabında yumurta sarılarını koyulaşıp limon rengine gelinceye kadar çırpın. Yavaş yavaş şekeri çırpın.

ç) Limon suyunu, limon kabuğu rendesini, eritilmiş tereyağını ve unu iyice birleşene kadar karıştırın.

d) Ayrı bir kapta yumurta aklarını sert tepecikler oluşuncaya kadar çırpın.

e) Çırpılmış yumurta aklarını limonlu karışıma, hiç iz kalmayıncaya kadar yavaşça katlayın.

f) Limonlu şifon karışımını fırın tepsisindeki kabuğun üzerine dökün.

g) Önceden ısıtılmış fırında 25-30 dakika ya da üzeri hafifçe kızarıncaya kadar pişirin.

ğ) Fırından çıkarın ve tavada tamamen soğumasını bekleyin.

h) Soğuduktan sonra çubuk şeklinde kesip servis yapın. Bu limon rengi şifon çubukların keskin ve ferahlatıcı lezzetinin tadını çıkarın!

91. Ananas Şifon Kareler

İÇİNDEKİLER:

KABUĞU İÇİN:
- 1 1/2 bardak graham kraker kırıntısı
- 1/4 su bardağı toz şeker
- 1/2 su bardağı tuzsuz tereyağı, eritilmiş

DOLGU İÇİN:
- 4 büyük yumurta, ayrılmış
- 1 su bardağı toz şeker
- 1/2 bardak ezilmiş ananas, süzülmüş
- 1/4 bardak tuzsuz tereyağı, eritilmiş ve soğutulmuş
- 1/4 bardak çok amaçlı un

TALİMATLAR:

a) Fırınınızı önceden 350°F (175°C) ısıtın. 9x13 inçlik bir fırın tepsisini yağlayın.
b) Bir karıştırma kabında graham kraker kırıntılarını, şekeri ve eritilmiş tereyağını birleştirin. Karışımı hazırlanan fırın tepsisinin tabanına eşit şekilde bastırın.
c) Başka bir karıştırma kabında yumurta sarılarını koyulaşıp limon rengine gelinceye kadar çırpın. Yavaş yavaş şekeri çırpın.
ç) Ezilmiş ananas ve eritilmiş tereyağını iyice birleşene kadar karıştırın.
d) Unu yavaş yavaş pürüzsüz hale gelinceye kadar karıştırın.
e) Ayrı bir kapta yumurta aklarını sert tepecikler oluşuncaya kadar çırpın.
f) Çırpılmış yumurta aklarını ananas karışımına hiç iz kalmayıncaya kadar yavaşça katlayın.
g) Ananaslı şifon karışımını fırın tepsisindeki kabuğun üzerine dökün.
ğ) Önceden ısıtılmış fırında 25-30 dakika ya da üzeri hafifçe kızarıncaya kadar pişirin.
h) Fırından çıkarın ve tavada tamamen soğumasını bekleyin.
ı) Soğuduktan sonra karelere kesip servis yapın. Bu ananas şifon karelerin tropikal lezzetinin tadını çıkarın!

92.Karışık Berry Şifon Barlar

İÇİNDEKİLER:

KABUĞU İÇİN:
- 1 1/2 bardak graham kraker kırıntısı
- 1/4 su bardağı toz şeker
- 1/2 su bardağı tuzsuz tereyağı, eritilmiş

DOLGU İÇİN:
- 4 büyük yumurta, ayrılmış
- 1 su bardağı toz şeker
- 1 su bardağı karışık meyveler (ahududu, yaban mersini ve böğürtlen gibi)
- 1/4 bardak tuzsuz tereyağı, eritilmiş ve soğutulmuş
- 1/4 bardak çok amaçlı un

TALİMATLAR:

a) Fırınınızı önceden 350°F (175°C) ısıtın. 9x13 inçlik bir fırın tepsisini yağlayın.
b) Bir karıştırma kabında graham kraker kırıntılarını, şekeri ve eritilmiş tereyağını birleştirin. Karışımı hazırlanan fırın tepsisinin tabanına eşit şekilde bastırın.
c) Başka bir karıştırma kabında yumurta sarılarını koyulaşıp limon rengine gelinceye kadar çırpın. Yavaş yavaş şekeri çırpın.
ç) Karışık meyveleri ve eritilmiş tereyağını iyice birleşene kadar karıştırın.
d) Unu yavaş yavaş pürüzsüz hale gelinceye kadar karıştırın.
e) Ayrı bir kapta yumurta aklarını sert tepecikler oluşuncaya kadar çırpın.
f) Çırpılmış yumurta aklarını, hiç iz kalmayıncaya kadar meyve karışımına yavaşça katlayın.
g) Karışık meyveli şifon karışımını fırın tepsisindeki kabuğun üzerine dökün.
ğ) Önceden ısıtılmış fırında 25-30 dakika ya da üzeri hafifçe kızarıncaya kadar pişirin.
h) Fırından çıkarın ve tavada tamamen soğumasını bekleyin.
ı) Soğuduktan sonra çubuk şeklinde kesip servis yapın. Bu karışık meyveli şifon barlarda meyve aromasının tadını çıkarın!

ŞİFON EKMEK

93.Şifon Muzlu Ekmek

İÇİNDEKİLER:

- 2 fincan çok amaçlı un
- 1 çay kaşığı kabartma tozu
- 1/2 çay kaşığı karbonat
- 1/2 çay kaşığı tuz
- 3 olgun muz, püresi
- 3/4 su bardağı toz şeker
- 1/2 su bardağı bitkisel yağ
- 3 büyük yumurta, ayrılmış
- 1/4 su bardağı süt
- 1 çay kaşığı vanilya özü

TALİMATLAR:

a) Fırınınızı önceden 350°F (175°C) ısıtın. 9x5 inçlik bir somun tepsisini yağlayın ve unlayın.
b) Büyük bir kapta un, kabartma tozu, kabartma tozu ve tuzu birlikte eleyin.
c) Başka bir kapta ezilmiş muz püresini, toz şekeri, bitkisel yağı, yumurta sarısını, sütü ve vanilya özünü iyice birleşene kadar çırpın.
ç) Kuru malzemeleri yavaş yavaş muz karışımına ekleyin ve birleşene kadar karıştırın.
d) Ayrı bir kapta yumurta aklarını sert tepecikler oluşuncaya kadar çırpın.
e) Çırpılmış yumurta aklarını muz hamurunun içine hiç iz kalmayıncaya kadar yavaşça katlayın.
f) Hazırladığınız kek kalıbına hamuru dökün ve üzerini spatulayla düzeltin.
g) 50-60 dakika veya ortasına batırdığınız kürdan temiz çıkana kadar pişirin.
ğ) Fırından çıkarın ve tamamen soğuması için bir tel rafa aktarmadan önce tavada 10 dakika soğumaya bırakın.
h) Şifon muzlu ekmeği dilimleyip servis edin ve afiyetle yiyin!

94.Şifon Limonlu Ekmek

İÇİNDEKİLER:

- 2 su bardağı kek unu
- 1 1/2 çay kaşığı kabartma tozu
- 1/4 çay kaşığı karbonat
- 1/2 çay kaşığı tuz
- 2 limonun kabuğu rendesi
- 1/2 bardak tuzsuz tereyağı, yumuşatılmış
- 1 su bardağı toz şeker
- 3 büyük yumurta, ayrılmış
- 1/4 bardak limon suyu
- 1/2 su bardağı süt
- 1 çay kaşığı vanilya özü

TALİMATLAR:

a) Fırınınızı önceden 350°F (175°C) ısıtın. 9x5 inçlik bir somun tepsisini yağlayın ve unlayın.

b) Bir kapta kek ununu, kabartma tozunu, kabartma tozunu ve tuzu birlikte eleyin. Limon kabuğu rendesini karıştırın.

c) Başka bir kapta yumuşatılmış tereyağını ve toz şekeri hafif ve kabarık olana kadar krema haline getirin.

ç) Yumurta sarılarını birer birer çırpın, ardından limon suyu ve vanilya özütünü ekleyerek karıştırın.

d) Kuru malzemeleri yavaş yavaş sütle dönüşümlü olarak ıslak malzemelere ekleyin ve iyice birleşene kadar karıştırın.

e) Ayrı bir kapta yumurta aklarını sert tepecikler oluşuncaya kadar çırpın.

f) Çırpılmış yumurta aklarını, hiç iz kalmayıncaya kadar yavaşça hamurun içine katlayın.

g) Hazırladığınız kek kalıbına hamuru dökün ve üzerini spatulayla düzeltin.

ğ) 45-55 dakika veya ortasına batırdığınız kürdan temiz çıkana kadar pişirin.

h) Fırından çıkarın ve tamamen soğuması için bir tel rafa aktarmadan önce tavada 10 dakika soğumaya bırakın.

ı) Şifon limonlu ekmeği dilimleyip servis edin, parlak ve keskin lezzetin tadını çıkarın!

95. Şifon Balkabaklı Ekmek

İÇİNDEKİLER:

- 1 3/4 bardak çok amaçlı un
- 1 çay kaşığı karbonat
- 1/2 çay kaşığı kabartma tozu
- 1/2 çay kaşığı tuz
- 1 çay kaşığı öğütülmüş tarçın
- 1/2 çay kaşığı öğütülmüş zencefil
- 1/4 çay kaşığı öğütülmüş hindistan cevizi
- 1/4 çay kaşığı öğütülmüş karanfil
- 1 su bardağı konserve kabak püresi
- 1 su bardağı toz şeker
- 1/2 su bardağı bitkisel yağ
- 2 büyük yumurta, ayrılmış
- 1/4 su bardağı su
- 1 çay kaşığı vanilya özü

TALİMATLAR:

a) Fırınınızı önceden 350°F (175°C) ısıtın. 9x5 inçlik bir somun tepsisini yağlayın ve unlayın.

b) Bir kapta un, kabartma tozu, kabartma tozu, tuz, tarçın, zencefil, hindistan cevizi ve karanfilleri birlikte eleyin.

c) Başka bir kapta kabak püresini, toz şekeri, bitkisel yağı, yumurta sarısını, suyu ve vanilya özünü iyice birleşene kadar çırpın.

ç) Kuru malzemeleri yavaş yavaş ıslak malzemelere ekleyin ve birleşene kadar karıştırın.

d) Ayrı bir kapta yumurta aklarını sert tepecikler oluşuncaya kadar çırpın.

e) Çırpılmış yumurta aklarını, hiç iz kalmayıncaya kadar yavaşça hamurun içine katlayın.

f) Hazırladığınız kek kalıbına hamuru dökün ve üzerini spatulayla düzeltin.

g) 50-60 dakika veya ortasına batırdığınız kürdan temiz çıkana kadar pişirin.

ğ) Fırından çıkarın ve tamamen soğuması için bir tel rafa aktarmadan önce tavada 10 dakika soğumaya bırakın.

h) Şifon kabak ekmeğini dilimleyip servis edin, sonbaharın sıcacık ve içinizi serinleten lezzetlerinin tadını çıkarın!

96. Şifon Çikolatalı Girdap Ekmek

İÇİNDEKİLER:

- 1 3/4 bardak çok amaçlı un
- 1 çay kaşığı kabartma tozu
- 1/2 çay kaşığı karbonat
- 1/2 çay kaşığı tuz
- 1/4 su bardağı şekersiz kakao tozu
- 1/2 su bardağı toz şeker
- 1/4 su bardağı bitkisel yağ
- 1 bardak ayran
- 2 büyük yumurta, ayrılmış
- 1 çay kaşığı vanilya özü

TALİMATLAR:

a) Fırınınızı önceden 350°F (175°C) ısıtın. 9x5 inçlik bir somun tepsisini yağlayın ve unlayın.

b) Bir kapta un, kabartma tozu, kabartma tozu ve tuzu birlikte eleyin.

c) Başka bir kapta kakao tozu, toz şeker, bitkisel yağ, ayran, yumurta sarısı ve vanilya özünü iyice birleşene kadar çırpın.

ç) Kuru malzemeleri yavaş yavaş ıslak malzemelere ekleyin ve birleşene kadar karıştırın.

d) Ayrı bir kapta yumurta aklarını sert tepecikler oluşuncaya kadar çırpın.

e) Çırpılmış yumurta aklarını, hiç iz kalmayıncaya kadar yavaşça hamurun içine katlayın.

f) Hazırladığınız kek kalıbına hamurun yarısını dökün.

g) Kalan hamurdan birer parça çikolatalı harcın üzerine ekleyin.

ğ) Mermer efekti oluşturmak için iki hamuru birlikte döndürmek için bir bıçak veya şiş kullanın.

h) 50-60 dakika veya ortasına batırdığınız kürdan temiz çıkana kadar pişirin.

ı) Fırından çıkarın ve tamamen soğuması için bir tel rafa aktarmadan önce tavada 10 dakika soğumaya bırakın.

i) Şifon çikolatalı sarmal ekmeği dilimleyip servis edin ve çikolatanın zengin ve leziz lezzetlerinin tadını çıkarın!

ŞİFON KURABİYELER

97.Şifon Limonlu Kurabiye

İÇİNDEKİLER:

- 2 fincan çok amaçlı un
- 1 çay kaşığı kabartma tozu
- 1/4 çay kaşığı tuz
- 1/2 bardak tuzsuz tereyağı, yumuşatılmış
- 1 su bardağı toz şeker
- 2 büyük yumurta, ayrılmış
- 1 limon kabuğu rendesi ve
- 1 yemek kaşığı limon suyu
- 1 çay kaşığı vanilya özü

TALİMATLAR:

a) Fırınınızı önceden 350°F (175°C) ısıtın. Fırın tepsilerini parşömen kağıdıyla hizalayın.

b) Bir kapta un, kabartma tozu ve tuzu birlikte eleyin.

c) Başka bir kapta yumuşatılmış tereyağını ve toz şekeri hafif ve kabarık olana kadar krema haline getirin.

ç) Yumurta sarılarını birer birer çırpın, ardından limon kabuğu rendesini, limon suyunu ve vanilya özünü ekleyerek karıştırın.

d) Kuru malzemeleri yavaş yavaş ıslak malzemelere ekleyin ve iyice birleşene kadar karıştırın.

e) Ayrı bir kapta yumurta aklarını sert tepecikler oluşuncaya kadar çırpın.

f) Çırpılmış yumurta aklarını, hiç iz kalmayıncaya kadar yavaşça hamurun içine katlayın.

g) Hazırlanan fırın tepsilerine kaşık dolusu hamur bırakın ve aralarında yaklaşık 2 inç boşluk bırakın.

ğ) 10-12 dakika veya kenarları hafif altın rengi olana kadar pişirin.

h) Fırından çıkarın ve tamamen soğuması için bir tel rafa aktarmadan önce birkaç dakika fırın tepsisinde soğumaya bırakın.

ı) Bu şifon limonlu kurabiyelerin hafif ve lezzetli lezzetinin tadını çıkarın!

98.Şifon Çikolatalı Kurabiye

İÇİNDEKİLER:

- 2 fincan çok amaçlı un
- 1 çay kaşığı karbonat
- 1/2 çay kaşığı tuz
- 1/2 bardak tuzsuz tereyağı, yumuşatılmış
- 1/2 su bardağı toz şeker
- 1/2 su bardağı paketlenmiş esmer şeker
- 2 büyük yumurta, ayrılmış
- 1 çay kaşığı vanilya özü
- 1 su bardağı yarı tatlı çikolata parçacıkları

TALİMATLAR:

a) Fırınınızı önceden 375°F (190°C) ısıtın. Fırın tepsilerini parşömen kağıdıyla hizalayın.
b) Bir kapta un, kabartma tozu ve tuzu birlikte eleyin.
c) Başka bir kapta yumuşatılmış tereyağını, toz şekeri ve esmer şekeri hafif ve kabarık olana kadar krema haline getirin.
ç) Yumurta sarılarını birer birer çırpın, ardından vanilya özütünü ekleyip karıştırın.
d) Kuru malzemeleri yavaş yavaş ıslak malzemelere ekleyin ve iyice birleşene kadar karıştırın.
e) Ayrı bir kapta yumurta aklarını sert tepecikler oluşuncaya kadar çırpın.
f) Çırpılmış yumurta aklarını ve çikolata parçacıklarını hamurun içine eşit şekilde dağılıncaya kadar yavaşça katlayın.
g) Hazırlanan fırın tepsilerine kaşık dolusu hamur bırakın ve aralarında yaklaşık 2 inç boşluk bırakın.
ğ) 8-10 dakika veya kenarları hafif altın rengi olana kadar pişirin.
h) Fırından çıkarın ve tamamen soğuması için bir tel rafa aktarmadan önce birkaç dakika fırın tepsisinde soğumaya bırakın.
ı) Bu şifon çikolatalı kurabiyelerin yumuşak ve çiğnenebilir dokusunun tadını çıkarın!

99.Şifon Bademli Kurabiye

İÇİNDEKİLER:

- 1 1/2 bardak çok amaçlı un
- 1/2 su bardağı badem unu
- 1/2 çay kaşığı kabartma tozu
- 1/4 çay kaşığı tuz
- 1/2 bardak tuzsuz tereyağı, yumuşatılmış
- 1/2 su bardağı toz şeker
- 2 büyük yumurta, ayrılmış
- 1 çay kaşığı badem özü
- Üzeri için dilimlenmiş badem

TALİMATLAR:

a) Fırınınızı önceden 350°F (175°C) ısıtın. Fırın tepsilerini parşömen kağıdıyla hizalayın.
b) Bir kasede çok amaçlı un, badem unu, kabartma tozu ve tuzu birlikte eleyin.
c) Başka bir kapta yumuşatılmış tereyağını ve toz şekeri hafif ve kabarık olana kadar krema haline getirin.
ç) Yumurta sarılarını birer birer çırpın, ardından badem ekstraktını ekleyip karıştırın.
d) Kuru malzemeleri yavaş yavaş ıslak malzemelere ekleyin ve iyice birleşene kadar karıştırın.
e) Ayrı bir kapta yumurta aklarını sert tepecikler oluşuncaya kadar çırpın.
f) Çırpılmış yumurta aklarını, hiç iz kalmayıncaya kadar yavaşça hamurun içine katlayın.
g) Hazırlanan fırın tepsilerine kaşık dolusu hamur bırakın ve aralarında yaklaşık 2 inç boşluk bırakın.
ğ) Her kurabiyeyi kaşığın arkasıyla hafifçe düzleştirin ve üzerine dilimlenmiş badem ekleyin.
h) 10-12 dakika veya kenarları hafif altın rengi olana kadar pişirin.
ı) Fırından çıkarın ve tamamen soğuması için bir tel rafa aktarmadan önce birkaç dakika fırın tepsisinde soğumaya bırakın.
i) Bu şifon bademli kurabiyelerin narin badem aromasının ve çıtır dokusunun tadını çıkarın!

100. Şifon Hindistan Cevizli Kurabiye

İÇİNDEKİLER:
- 1 1/2 bardak çok amaçlı un
- 1/2 su bardağı kıyılmış hindistan cevizi
- 1/2 çay kaşığı kabartma tozu
- 1/4 çay kaşığı tuz
- 1/2 bardak tuzsuz tereyağı, yumuşatılmış
- 1/2 su bardağı toz şeker
- 2 büyük yumurta, ayrılmış
- 1 çay kaşığı vanilya özü

TALİMATLAR:
a) Fırınınızı önceden 350°F (175°C) ısıtın. Fırın tepsilerini parşömen kağıdıyla hizalayın.
b) Bir kapta un, kıyılmış hindistan cevizi, kabartma tozu ve tuzu birlikte eleyin.
c) Başka bir kapta yumuşatılmış tereyağını ve toz şekeri hafif ve kabarık olana kadar krema haline getirin.
ç) Yumurta sarılarını birer birer çırpın, ardından vanilya özütünü ekleyip karıştırın.
d) Kuru malzemeleri yavaş yavaş ıslak malzemelere ekleyin ve iyice birleşene kadar karıştırın.
e) Ayrı bir kapta yumurta aklarını sert tepecikler oluşuncaya kadar çırpın.
f) Çırpılmış yumurta aklarını, hiç iz kalmayıncaya kadar yavaşça hamurun içine katlayın.
g) Hazırlanan fırın tepsilerine kaşık dolusu hamur bırakın ve aralarında yaklaşık 2 inç boşluk bırakın.
ğ) 10-12 dakika veya kenarları hafif altın rengi olana kadar pişirin.
h) Fırından çıkarın ve tamamen soğuması için bir tel rafa aktarmadan önce birkaç dakika fırın tepsisinde soğumaya bırakın.
ı) Bu şifon hindistan cevizi kurabiyelerinin tropikal lezzetinin ve çiğneme dokusunun tadını çıkarın!

ÇÖZÜM

Şifon maceramızın sonuna yaklaşırken bu yemek kitabının mutfağınızda hafif, havadar ve şatafatlı lezzetler yaratma tutkunuzu ateşlediğini umuyorum. Bu 100 enfes tarif sayesinde şifonun hassas sanatını ve çok yönlü doğasını keşfettik, basit malzemeleri olağanüstü mutfak şaheserlerine dönüştürdük . İster bir dilim kabarık şifon pastanın tadını çıkarın , ister bir kaşık dolusu ipeksi şifon köpüğün tadını çıkarın, ister bir ısırık zarif şifon pastanın tadını çıkarın, her tarif, her damak tadına neşe ve tatmin getirmek için özenle hazırlanmıştır.

Bu mutfak yolculuğumda bana eşlik ettiğiniz için sizlere en kalbi şükranlarımı sunuyorum. Şifon pişirme sanatında ustalaşmaya yönelik coşkunuz ve bağlılığınız bu macerayı gerçekten özel kıldı. Bu yemek kitabından öğrendiğiniz beceri ve tekniklerin, aileniz ve arkadaşlarınızla paylaşacağınız leziz şifon kreasyonları yaratırken size ilham vermeye devam etmesini dilerim.

Şifon pişirme dünyasını keşfetmeye devam ederken, mutfağınız taze pişmiş keklerin baştan çıkarıcı aromalarıyla, ipeksi musların narin dokularıyla ve zarif turtaların enfes lezzetleriyle dolsun . Yaptığınız her şifon kreasyonu yüzünüze bir gülümseme, kalbinize bir sıcaklık getirsin, size pişirme sanatının güzelliğini ve neşesini hatırlatsın.

Şifon yolculuğunuzun bir parçası olmama izin verdiğiniz için bir kez daha teşekkür ederim. Tekrar buluşana kadar günleriniz tatlılıkla, hafiflikle ve şifonun vazgeçilmez zarafetiyle dolu geçsin . Mutlu pişirmeler, mutfak maceralarınız ilham vermeye ve keyif vermeye devam etsin !

www.ingramcontent.com/pod-product-compliance
Lightning Source LLC
Chambersburg PA
CBHW071309110526
44591CB00010B/842